薛大维◎著

政府补助与企业环保投入
对油气企业财务绩效影响研究

ZHENGFU BUZHU YU QIYE HUANBAO TOURU
DUI YOUQI QIYE CAIWU JIXIAO YINGXIANG YANJIU

中国财经出版传媒集团

经济科学出版社
Economic Science Press

图书在版编目（CIP）数据

政府补助与企业环保投入对油气企业财务绩效影响研
究／薛大维著 . -- 北京：经济科学出版社，2023.7
ISBN 978 - 7 - 5218 - 4927 - 1

Ⅰ. ①政⋯ Ⅱ. ①薛⋯ Ⅲ. ①政府补贴 - 影响 - 石油
化工企业 - 工业企业管理 - 财务管理 - 研究 - 中国 ②企业
环境保护 - 资本投入 - 影响 - 石油化工企业 - 工业企业管
理 - 财务管理 - 研究 - 中国 Ⅳ. ①F426. 226. 7

中国国家版本馆 CIP 数据核字（2023）第 120838 号

责任编辑：杜　鹏　武献杰　常家凤
责任校对：刘　昕
责任印制：邱　天

政府补助与企业环保投入对油气企业财务绩效影响研究
薛大维◎著
经济科学出版社出版、发行　新华书店经销
社址：北京市海淀区阜成路甲 28 号　邮编：100142
编辑部电话：010 - 88191441　发行部电话：010 - 88191522
网址：www. esp. com. cn
电子邮箱：esp_bj@ 163. com
天猫网店：经济科学出版社旗舰店
网址：http://jjkxcbs. tmall. com
固安华明印业有限公司印装
710 × 1000　16 开　8.5 印张　150000 字
2023 年 7 月第 1 版　2023 年 7 月第 1 次印刷
ISBN 978 - 7 - 5218 - 4927 - 1　定价：49.00 元
（图书出现印装问题，本社负责调换。电话：010 - 88191545）
（版权所有　侵权必究　打击盗版　举报热线：010 - 88191661
QQ：2242791300　营销中心电话：010 - 88191537
电子邮箱：dbts@ esp. com. cn）

　　本书是滁州学院科研启动基金项目"政府补助与企业环保投入对油气企业财务绩效影响研究"（项目号：2022qd60）、财务管理安徽省省级一流专业建设点（项目号：2020swjh05）、滁州学院校级重点学科——应用经济学的阶段性成果。

前　　言

随着生态文明建设的深入推进，国家逐步加大对企业环保方面的补助力度，而高污染型的油气企业也必须加大环保投入，以保证油气生产符合国家环保要求。政府补助和企业环保投入都将对企业财务绩效产生一定影响。在学术研究领域，关于政府补助、企业环保投入及财务绩效之间关系的研究成果多集中在三者中两两之间关系的研究，这些研究存在系统性不强和时代性不足的缺点，且对三者之间内在关系的研究尚未开展。虽已有学者在研究政府补助对财务绩效影响时引入中间变量，但多以研发投入、技术创新、污染治理责任、产品市场竞争等作为调节或中介变量进行研究，并未涉及企业环保投入，研究的对象多集中在农业、新能源汽车、医药制造、战略性新兴产业以及高新技术企业等国家重点扶持的行业，并没有结合油气企业。在践行可持续发展观的时代背景下，政府和企业均应背负起环保责任。因此，深入研究政府补助与企业环保投入对财务绩效的协同影响已成为重要课题，针对重污染行业的研究也更具有现实意义。对于油气企业而言，政府补助对其财务绩效影响如何？哪种类型政府补助的影响效果更显著？政府补助能否激励油气企业加大环保投入？能否通过影响油气企业环保投入进而影响财务绩效？油气企业主动增加预防性环保投入或被动地进行治理性环保投入，哪种环保投入更有利于企业财务绩效的提升？这些都是亟待解决的重要问题。

　　本书以沪深上市的油气企业为研究对象，运用因子分析、多元回归分析和系统 GMM 法，探究政府补助与企业环保投入对油气企业财务绩效的影响。首先，结合油气生产各环节的污染情况和油气资源经营环境的不确定性，构建了符合油气企业行业特点的财务绩效评价指标体系，其中引入环境管理和风险管控等非财务能力指标，拓宽了油气企业财务绩效的评价视角，体现了绿色生态发展理念。其次，结合油气企业特点，构建了政府补助与企业环保投入对油气企业财务绩效影响机理模型，确定了油气企业环保投入在政府补助对财务绩效影响中的中介效应，为深入探究三者的内在关系提供了理论思路。再次，利用政府补助与企业环保投入对油气企业财务绩效影响机理模型及以预防性和治理性的环保投入为中介变量的实证模型，验证了政府补助对油气企业财务绩效的促进作用及不同类型政府补助对油气企业环保投入的促进作用不同，进一步验证了油气企业不同性质的环保投入在环保型政府补助对财务绩效影响过程中的中介效应不同。最后，基于实证研究结果，结合油气企业政府补助、环保投入和财务绩效的现状，分别从政府补助和企业环保投入视角提出相应的对策建议，进而更好地发挥油气企业环保投入的中介效应，积极推进绿色转型，提高财务绩效，政企合力，共建生态文明。

薛大维

2022 年 11 月于滁州碧桂园紫龙府

目 录

第 1 章

绪　　论

1.1　研究背景

自 2008 年全球金融危机爆发以来，世界经济从稳定增长的旧常态步入了经济低迷的新常态（张文和沈越，2016）。受经济低迷的影响，国际油价低位徘徊，油气企业财务绩效锐减。中国经济进入新常态时期所显现的增长动力不足和速度下滑，其根本原因是经济发展阶段的转型和经济体制的改革（齐建国、王红彭、绪庶等，2015）。油气企业作为我国能源供给的主体，不仅面临着复杂国际环境的考验，还承担着国内经济转型的压力，同时，环保政策的升级对油气企业也提出了更为严格的要求。因此，政府增加环保补助，引导油气企业加大环保投入，实现高质量发展，对国民经济和生态文明建设具有强有力的推动作用。在环境治理和产业结构转型的双重压力下，如何评价和提升财务绩效已成为油气企业高质量发展的关键。

在生态文明建设执政理念的指引下，国家逐步加大节能环保方面的财政支出，并对企业进行环保补助。2020 年，中共中央办公厅、国务院办公厅印发了《关于构建现代环境治理体系的指导意见》，提出构建党委领导、政府主导、企业主体、社会组织和公众共同参与的现代环境治理体系，要把制度优势更好地转化为治理效能，综合运用行政、市场、法治、科技等多种手段，全面提升生态环境治理能力现代化水平，推动和促进生态文明建设。政府补助作为重要的产业政策工具，具有典型的方向性和选择性，对企业的发展具有重要意义（蒋为和张龙鹏，2015）。作为一种无偿性投入，政府补助能够对企业的经营活动和现金流造成一定的影响，进而影响企业的财务绩效（卜华和宋建华，2019）。政府补助一方面可以推动企业提升财务绩效，另一方面可以促使企业更好地履行环保责任。

油气行业作为 16 类重污染行业之一，具有高耗能、高污染和高风险特点。油气企业在油气资源勘探开发与利用等各作业环节会产生多种污染物，这些污染物对大气、水、土壤以及生物多样性等造成不同程度的危害。首先，多种类型的污染物涉及勘探、钻井、固井、集输、储运、炼化及加工等多个环节，每个环节工序差别大、施工类型多以及排污特点各异，潜伏性和随机性较高。其次，油气生产过程中的环境污染物包括气体、液体、固体等多种形态。以气态为主的是能量型污染物，包括现场作业产生的碳氢化合物、燃烧的油料、窒息性气体等。以液态和固态为主的有害物质包括各种有毒物质、腐蚀物质、有害粉尘等。各种污染物的存续形态虽不相同，但其以混合的状态造成的环境污染问题也较为严重。更为严重的是油气企业一旦发生漏油及爆炸等恶性事件，对生态环境造成的危害极大。因此，国家非常重视油气企业的环境保护问题和环境治理工作。2010 年，环境保护部发布《上市公司环境信息披露指南》，明确规定重污染行业必须披露污染物排放，加强环境管理。2014 年，财政部、国家发展改革委、水利部和中国人民银行联合出台的《水土保持补偿费征收使用管理办法》规定，对油气资源开采按占地面积征收水土保持补偿费，专项用于水土流失预防和治理，促进生态环境改善。2015 年修订后的《环境保护法》的实施，提高了对重污染企业的惩治力度，约束企业承担环保责任。2016 年，国土资源部颁布的《关于加强矿山地质环境恢复和综合治理的指导意见》指出要在矿产开发事前、事中和事后的整个过程中落实环境综合治理，提高对自然环境的源头保护作用。2018 年，《环境保护税法》和第二次修正后的《水污染防治法》等在全国范围内的推行，规范了污染物排放，促进保护和改善环境。"十四五"规划纲要对绿色生态方面提出的主要发展目标是生态文明建设实现新进步，促进经济社会发展全面绿色转型。上述环境规制已逐渐形成环境预防和治理并重的格局，油气企业势必要逐步加大环保投入，重视环境管理，加快绿色转型，提高财务绩效，推进可持续发展。

在环境保护背景下，仅通过部分企业履行环保义务来解决环境问题，会使企业承担较大的资金压力，且难以达到理想的效果。因此，政府对油气企业进行补助十分必要，一方面能缓解企业资金压力，另一方面可引导企业实施环保投入的行为。那么，对于油气企业而言，如何评价油气企业财务绩效？政府补助对油气企业财务绩效影响如何？哪种类型政府补助影响效果更显著？政府补助能否激励油气企业加大环保投入，能否通过影响油气企业环保投入进而影响财务绩效？油气企业主动增加预防性环保投入或被动地进行治理性环保投入，哪种环保投入更有利于企业财务绩效的提升？这些都是亟待解决的重要问题，值得深入研究。

1.2　研究目的与意义

1.2.1　研究目的

（1）构建体现油气企业行业特点的财务绩效评价指标体系。在现有研究成果的基础上，结合油气生产各环节的污染情况和油气资源经营环境的不确定性，从可持续发展理论出发，引入环境管理和风险管控作为非财务能力指标，构建体现油气企业行业特点的财务绩效评价指标体系，为油气企业财务绩效评价奠定基础。

（2）选择适宜的油气企业财务绩效评价方法。根据评价指标体系的特点，确定适宜的评价方法，以便根据样本企业的面板数据对油气企业财务绩效进行评价，并确定其主要影响因子，为研究政府补助与企业环保投入对油气企业财务绩效的影响提供实证基础。

（3）构建政府补助与企业环保投入对油气企业财务绩效的影响机理模型。依据可持续发展理论和外部性理论为基础，结合油气企业特点，构建政府补助与企业环保投入对油气企业财务绩效的影响机理模型，为实证研究政府补助与企业环保投入对油气企业财务绩效的影响提供理论基础。

（4）实证研究政府补助与企业环保投入对油气企业财务绩效影响。通过实证研究验证政府补助对油气企业环保投入及财务绩效的促进作用，探究油气企业环保投入及不同类型环保投入在政府补助对财务绩效影响中的中介效应，以厘清政府补助、企业环保投入和财务绩效的内存关系，为相关政策和措施的制定提供方向指引。

（5）提出相应对策建议。从政府补助和企业环保投入两个方面提出政策和措施建议，以充分发挥政府补助对油气企业环保投入和财务绩效的促进作用，引导油气企业环保投入行为，促进政府和企业共同进行环境治理。

1.2.2　研究意义

开展政府补助与企业环保投入对油气企业财务绩效的影响研究，对于厘清政府补助、企业环保投入与油气企业财务绩效的内在关系，明确企业环保投入以及预防性和治理性环保投入的中介效应，找出促进政府补助作用的充分发挥、实现油气企业承担环保责任与财务绩效协同提高、推动油气企业参与现代环境治理的政策和对策具有重要的理论意义和实践意义。

（1）理论意义。

①拓展了政府补助研究视角。国内外学者对政府补助研究已经形成了比较丰富的研究成果，但对油气企业政府补助的研究极少。本书以沪深上市油气企业为对象，研究政府补助对财务绩效的影响，并且将政府补助进一步细分为环保型和非环保型，引入企业环保投入作为中介变量，分别研究其对油气企业财务绩效的中介效应。相较于已有文献对政府补助整体或政府环保补助所进行的单方面研究，本研究的视角更加宽广。在生态文明建设大背景下，基于企业环保投入的中介效应，探讨不同类型的政府补助对油气企业财务绩效影响，丰富了政府干预理论的研究领域，为国家环境治理体系和生态文明建设研究提供了新的视角。

②拓展了油气企业财务绩效评价指标的维度。关于企业财务绩效评价指标体系，已有的研究成果或者基于市场角度选取托宾 Q 值、经济增加值

（EVA）等，或者基于会计角度选取资产回报率（ROA）、净资产收益率（ROE）、销售净利率、每股净收益等，选取的评价指标比较单一或不够客观全面，也没有考虑企业环保行为对财务绩效的影响。本书结合时代背景和油气企业特点，参考《中央企业综合绩效评价实施细则》，从可持续发展理论出发，针对油气生产各环节的污染情况和油气资源经营环境的不确定性，引入环境管理和风险管控作为非财务能力指标，构建了油气企业财务绩效评价指标体系，拓展了财务绩效评价指标维度，扩展了油气企业财务绩效综合评价视角，为重污染企业财务绩效综合评价研究提供了新的思路。

（2）实践意义。

①可以为油气企业在生态文明背景下全面评价财务绩效提供评价依据。通过构建包含反映环保要求的环境管理和风险管控等指标的油气企业财务绩效评价指标体系，可以更加全面地实现对油气企业财务绩效的定量评价，帮助油气企业找到影响财务绩效的主要因素，为油气企业财务与经营决策制定提供依据。

②可以为政府和油气企业制定环境保护政策和措施提供理论依据。实证研究表明，油气企业环保投入在政府补助对企业财务绩效影响中具有中介效应，这为政府补助政策制定的科学性和针对性提供了实证基础，也为油气企业增加环保投入提供了方向指引，最终将促进政府和油气企业共担环保责任。

1.3　国内外研究综述

学者们关于政府补助、企业环保投入及财务绩效之间关系的研究成果日益丰富，角度也更加多样化，多集中在三者中两两之间关系的研究，但也存在系统性不强和时代性不足的缺点，特别是关于三者之间内在关系的研究尚未涉及。通过查阅国内外相关的研究成果，从不同视角对国内外学术界关于政府补助、企业环保投入与财务绩效三者的关系进行了分类梳理，包括政府补助对财务绩效的影响研究、企业环保投入对财务绩效影响的研究、政府补助对企业环保投入影响的研究三方面。

1.3.1　国外研究综述

（1）政府补助对企业财务绩效影响的研究。20 世纪 60 年代，美国经济学家塔洛克教授（Tullock，1967）首次提出政府补助的寻租理论，即现有市场不是完全竞争市场，不完全竞争导致对社会福利成本的低估，因此人们会通过政府保护、疏通活动来实现自身利益，即寻租。1974 年，美国经济学家克鲁格曼（Krugman）发现在国际贸易往来中，政府会发布多样化的支持政策以大力扶持有规模经济效应和外部性的产业，由此产生政府补助理论的研究。检索发现，国外学者关于政府补助对财务绩效影响的研究成果可归类为正相关、负相关、不显著和倒"U"型相关四种情形。

①关于政府补助对财务绩效正向影响的研究。国外学者对不同行业企业进行研究发现，政府补助对大部分行业中的企业财务绩效有一定正向影响。萨森·巴尔－约瑟夫等（Sasson－bar－yosef et al.，1988）借助模型推导出政府补助对一些企业整体价值的提高有推动作用，但如果当政府出现财政赤字时，政府补助对企业价值的提高作用有限。有学者以政府实施投资补贴和信贷优惠政策为背景，提出税收优惠能显著激励韩国制造业，与企业产出和资本增长正相关，对资源配置有积极影响（Lee，1996）。范通厄伦（Van Tongeren，1998）站在宏观经济角度，抽取荷兰部分工业企业，发现企业获得地方政府补助前后盈利能力有所变化，且在经济衰退期，政府补助能有力抵御时间因素对现金流规模的影响，提高偿付能力，政府补助是提高企业绩效的有效手段之一。拉赫（Lach，2002）研究了政府补贴与企业 R&D 的关系，发现在企业研发过程中，若政府可承担部分研发费用，企业资金压力会减小，研发信心更大。迪米特里斯和斯库拉斯（TzelePis and Skuars，2004）对 1005 家微型企业研究发现，政府补助可以有效降低企业经营成本，补助带来的现金流对企业短期偿付能力有提升作用。詹金斯和杰恩斯（Jenkins and Jaynes，2006）收集了 1988～1998 年连续 11 年美国高科技企业的行业数据，研究得到政府补助有助于提高该行业财务绩效的肯定结论。诺拉（Nola，2010）分析了1994～2002年间爱尔兰的数据，认为政府政策的倾斜可以提高企业研发活动的比例，改进旧产品和推出创新产品。范赫默特（Hemert，2013）以荷兰的243家中小企业为例进行了分析，其中发现政府补助对这些企业有巨大的推动作用，可促进企业业绩的提高。卢志坚和邵帅（Zhijian Lu and Shuai Shao，2016）对能源服务公司展开研究，发现政府补贴可提高工程总承包的绩效水平，建议这类公司应看重政府补贴的高耗产业，按照行业特点分配补贴资金。通迪斯等（Tundis et al.，2017）对意大利特伦蒂诺省的酒店业和该地方政府的财政补贴资金进行探讨，研究发现，政府补贴可以促进酒店绩效的提升。

②关于政府补助对财务绩效负向影响的研究。政府补助对企业财务绩效的影响除了正向影响之外也存在负向影响。阿哈罗尼等（Aharony J et al.，2000）认为政府补助的初衷是提高企业财务绩效，但由于没有明确政府与市场的界限，不但使财政资金使用效率低下，也会扭曲会计信息。例如比森和温斯坦（Beason and Weinstein，1996）整理了日本13个行业1955～1990年的财务数据，发现政府补助并没有改善企业财务绩效，反而对其有负面作用。又如托马斯等（Thomas et al.，2007）以挪威农业企业1991～2006年数据为基础，分析发现政府补助对农业企业生产率有负面影响。在对制造业的研究中，解学梅等（Xiexuemei et al.，2016）也同样发现政府补贴资金对企业绩效起反向削弱的作用。在政府补贴资金对企业绩效起反向影响原因的研究中，贝尼尼和佩莱格里尼（Bernini and Pellegrini，2011）提出由于企业很可能产生不按规定用途使用财政补贴的道德风险，政府补助的效果会得到抑制。在针对不同行业政府补助对财务绩效的反向影响研究中，陈林等（Chen Lin et al.，2013）通过对全球七十个国家（地区）六千多家企业实证，得到政府补助对企业内部经营管理有重要影响，并会干预企业的营销管理和企业决策的制定，它对企业销售业绩的增长将产生抑制作用。费里娜·马里穆图（Ferina Marimuthu，2020）也分析得出政府补助对国有企业的财务绩效有显著的负面影响。

③关于政府补助对财务绩效不显著影响的研究。除政府补助对财务绩效正负向影响外，还有部分学者认为政府补助对企业财务绩效无益。如迪米特

里斯和斯库拉斯（2004）分析希腊的企业发现，政府补助可加强企业现金流量，提高短期偿债能力并降低经营风险，但并不能增强企业经营效益。法西奥等（Faccio et al.，2006）也提出政府补助对于与政治紧密关联的企业效应不明显。舒伯利·C. 昆伯卡等（Subal C. Kumbhakar et al.，2007）研究得出农业企业政府补助会抑制农业生产力。麦肯齐等（McKenzie et al.，2013）对澳大利亚的电影产业进行分析，指出政府补助对电影票房的上升无显著影响。迪松－罗斯等（Dizon－Ross et al.，2017）认为简单的财政补贴或其他激励政策对企业绩效并不能产生实质性影响。

④关于政府补助对财务绩效"U"型影响的研究。也有部分学者提出政府补助对于财务绩效的影响不是单一变化的。伯格斯特伦（Bergstrom，2000）分析瑞典企业 1987~1993 年的投资补贴效应，发现政府提供投资补贴的当年给企业带来的是正向作用，但从次年起，补贴反而给企业带来负面影响。弗雷德里克（Fredrik，2000）对瑞士 1987~1993 年工业企业实证分析，发现在投入政府补助的首年，补助能够显著刺激企业经济绩效和生产力，此后政府补助对生产力的效用转为显著负向，且随着时间推移，负面刺激将增大，政府补助的效果与市场机制相悖，呈现出倒"U"型的变化趋势。

（2）企业环保投入对财务绩效影响的研究。国外学者对于企业环保投入与财务绩效的研究较为成熟，在 20 世纪末期就已经形成明确的学派观点。传统学派认为企业环保投入会削弱企业竞争力，而修正学派支持环境规范能激发企业创新、提高竞争力。综合众多学者观点，本书将企业环保投入对财务绩效影响的研究归类为正相关、负相关、不显著和"U"型相关。

①关于企业环保投入对财务绩效正向影响的研究。修正学派代表人物波特（Porter，1991）认为环保投入与企业财务绩效为正相关，他通过对案例研究指出，环境污染是对企业资源的浪费，降低污染对企业生产效率的提高有帮助。伍德等（Wood et al.，1984）将营业利润与销售额之比、超常价值、营业利润与总资产之比等指标作为财务绩效的替代变量，结果显示企业环境责任的履行程度会对财务绩效带来正向影响。企业进行环境治理，虽然会发生大量的资金流出，但也会使企业在运作方面获益，哈特和阿胡贾

（Hart and Ahuja，1996）对投资者责任研究中心数据库中 500 家企业的环保数据进行实证，检验表明，用于节能减排的环保资金使企业资源利用率提高并节约了资金，使公司获取了成本方面的优势。克拉弗等（Claver et al.，2007）利用实证和调查访谈法，研究发现企业主动地进行环保投入可以有效促进企业提升价值。卡佩尔奇克等（Kacperczyk et al.，2009）对典型投资模型研究发现，企业进行环境保护有利于生产经营等活动，从而提高经济效益。小杉·高信（Takanobu Kosugi，2009）利用评估模型和生命周期评价模型定量研究，分析出环境成本对财务绩效具有滞后性。洛佩斯－加梅罗等（Lopez－Gamero et al.，2010）指出企业进行环保投入不但能降低污染，而且能降低此方面的税费，会提高企业社会形象，获得生态创新补偿和先动优势，最终提高企业价值。托马斯·布罗伯格等（Thomas Broberg et al.，2013）分期研究发现前期的污染防控可以促进企业经营利润的提升。索尼拉等（Saunila et al.，2018）以芬兰马业公司为对象，研究认为公司越重视财务绩效和可持续发展，越有可能增加环境保护投资。刘洋等（2020）以重污染企业为研究对象，发现企业环保投入对财务绩效有显著正向影响。

②关于企业环保投入对财务绩效负向影响的研究。传统学派代表人物怀特黑德和沃利（Whitehead and Walley，1994）在新古典主义理论的基础上提出，企业要进行环保投入势必会增加企业成本，进而导致企业净利润减少。早期研究企业社会责任的学者弗里德曼（Friendman）认为，企业社会责任作为企业成本的组成部分，会降低企业利润，损害股东利益。在对环境治理的研究中，哈塞尔等（Hassel et al.，2005）运用剩余收益计价模型对在瑞典证券市场进行交易的公司进行实证，发现环境信息披露及环保投资等在一定程度上增加了公司成本，从而降低了企业财务绩效，印证了成本学派的观点。奥萨托（Qrsato，2006）则指出，环保治理需购入环保设备或进行生态技术创新的研究，需要耗费资金并增加成本，企业难以增加直接的现金收入。特斯塔等（Testa，2011）从环境管制的角度对建筑企业进行研究，发现严格的环境监管和更高的检测频率会促使企业增加环保设备，更愿意创新产品，但环保投资却不利于业务。克里斯·霍顿（Chris Haughton，2019）认为企业加大环保方面的投入会减少企业净利润，这与企业追求利益最大化背

道而驰。

③关于企业环保投入对财务绩效影响不显著的研究。沙尔特格和菲格（Schaltegger and Figge，2000）认为环保投入与企业财务绩效间不一定非正即负，环保投入既不会增加股东价值，也不会减少股东价值，如果企业实施环境保护对财务绩效产生影响，须将管理方式纳入绩效评估管理体系。克拉森和麦克劳克林（Klassen and McLaughlin，1996）对环境管理研究发现，若只停留在处理环境危机的弱环境管理水平上，带来的只是负投资报酬率，而实行以环境保护绩效奖励的强环境管理，则会带来正投资报酬率。

④关于企业环保投入对财务绩效"U"型影响的研究。还有少数学者提出两者呈"U"型相关关系。克里斯汀·雅施（Christine Jasch，2006）基于工业行业环境成本评估模式构建了符合自身特征的投入产出模型，将各类环境成本支出和与环境责任相关的有效信息代入，量化并细化环境成本支出，并加以控制，通过模型得出环境成本和财务绩效是因果关系。佩科维奇等（Pekovic et al.，2018）以6000多家法国公司为样本，利用固定效应模型得出环保投入与企业经济绩效呈倒"U"型关系，即环保投入存在一个相对较低的最优水平。

（3）政府补助对企业环保投入影响的研究。19世纪70年代，国际上对节能减排问题就有了研究，由于20世纪90年代全球变暖的加剧，各国才真正开始重视环境和资源问题，国外学者对两者关系的研究也逐渐增多，研究成果主要集中在政府补助对环保投入的正向影响上。马加特（Magat，1979）将国家不同补助政策对企业履行环境责任的推动作用进行了对比，认为政府补助可以有效激励企业减少排放，履行环境保护责任。奥阿纳德斯和B. H. 巴卡森（O Arnalds and B. H Barkarson，2003）从冰岛公共牧场破坏生态环境的角度，发现政府的农业补贴可有效缓解水土流失问题，增强可持续利用。在不完全竞争的条件下，大卫（David，2005）对政府补助与环保投入的关系进行了研究，发现政府补助对生态产业产生积极影响。奥尔科特等（Allcott et al.，2012）研究能源政策外部性后，指出征收能源税有多重作用，即可以降低外部性，同时也可以提升企业对能效投资的兴趣。斯特纳（Sterner，2012）对征收能源税加以分析，得出能源税在欧盟和日本都产生了较好的效果。李政辉等（2018）通过建立系列"利润—风险"模型，认为政府补贴可以提高企业绿色创新的意愿。莫纳斯特罗洛等（Monasterolo et al.，2018）设计资金流动行为模型来模拟绿色财税政策，分析作用机理，得出企业预期受到绿色财税政策的影响，从而推动企业增加绿色投资。

1.3.2　国内研究综述

（1）政府补助对企业财务绩效影响的研究。国内学者对政府补助的研究虽然起步较晚，但也形成了较为丰富的研究成果，在政府补助的动因、对象、效果等不同角度均有大量文献可以借鉴。从政府补助的效果看，政府补助对企业财务绩效的影响主要有正相关、负相关、不显著和倒"U"型相关四种情形。

①关于政府补助对财务绩效正向影响的研究。国内学者通过实证分析发现，政府补助对部分行业上市公司财务绩效有正向影响。周靓霞（2018）以2012～2016年的72家文化类上市企业为样本，认为国有文化类上市企业的政府补助在提升企业绩效方面比非国有类企业略显不足，且两者的关系不受地区因素的影响。陆少秀等（2016）以沪深 A 股制造业上市公司为例，研究得出所有权性质会影响两者的相关性，政府补助只对非国有控股企业的绩效有显著促进作用，且政府补助高低对企业绩效会产生不同影响。刘靖宇等（2016）在对政府补助高低组别间的样本财务绩效差异比较中发现，补助水平高组别的企业财务绩效显著高于低组别的，且政府剩余侵占能力越弱或上市公司剩余侵占能力越强时，政府补助对财务绩效影响越显著。刘宁潇（2017）通过对沪市 A 股的重污染行业上市公司进行研究，也发现政府补助能显著提高财务绩效。何雅黎（2017）对创业板高科技创业企业采用非平衡面板数据实证，发现研发及非研发补助对财务绩效均有显著提升作用，且研发补助的提升作用更大。金慧琴等（2018）认为政府补贴政策对新能源上市公司提升财务绩效有利。何烨（2018）认为政府扶持类补助可以直接计入企业当期的损益，对提升企业短期盈利水平产生正向的影响。李燕妮（2018）和尹娜娜（2020）分别对我国农业上市公司业进行了实证分析，均发现政府

补助与企业绩效呈现正相关关系。黎明硕（2016）、杨伊宁（2016）、蔡梦娇（2019）分别对2012~2014年的中西部新能源上市公司、深沪两市A股可再生能源行业上市公司和高新技术企业进行了研究，分别得出政府补助与企业经营绩效、财务绩效、财务和创新绩效呈显著正相关关系。郝晨璐（2018）和杨柳青（2019）分别以比亚迪和JH汽车为研究对象，发现政府补助会影响企业的投资战略，能够提升当期绩效，且本土的汽车企业更需要政府补助的支持。

从滞后性角度，臧志彭（2015）对161家文化产业上市公司2011年起连续三年的面板数据进行研究，证实了当期及滞后期政府补助对文化企业财务绩效有正向的促进作用。李尚敏（2015）、贺韵宁（2017）、郭丹丹（2019）对我国创业板公司进行实证分析，得出政府补助对企业绩效为显著正相关关系，且存在超过两年的滞后期，其主要通过间接方式对企业绩效产生影响。王维、吴佳颖、章品锋（2016）以信息技术业上市公司为研究对象，研究发现政府补助、研发投入对当期和滞后一期的企业财务绩效有显著正向影响，且对企业财务绩效有滞后影响。

②关于政府补助对财务绩效负向影响的研究。一部分学者通过长期研究发现政府补助对少部分行业企业财务绩效有负向影响。在对汽车制造业上市公司的研究中，他们认为，政府补助只是在表面提升财务绩效，而实际上会掩盖企业真实的财务状况，不利于企业长期发展。赵瑞昕（2018）和张文（2018）以比亚迪新能源汽车为代表进行分析，发现政府补助可对财务绩效产生影响，在企业的营运和发展能力方面贡献较弱，未能给企业带来深远促进作用。对于涉农上市公司的研究中，徐利飞（2018）从财务和非财务绩效的角度分别进行考察，从《企业会计准则第16号——政府补助》（CAS16）对政府补助分类的视角发现与收益相关的政府补助促进了短期财务绩效，却降低了长期财务绩效。张淑娴（2019）对新能源行业的J公司分析，发现政府补助对J公司表面上看有正面的扶持作用，明显提升了现金流和利润，但对企业盈利、营运、偿债和成长能力这些财务绩效不能带来明显的提升，没有实现地方政府发放补助的目的，对企业长期的绩效和发展产生了消极影响。

③关于政府补助对财务绩效不显著和倒"U"型影响的研究。还有一部分学者认为政府补助的影响并不显著。夏艳（2015）对信息技术业、电子业和生物制药业的 104 家上市公司研究，发现财政补贴与企业绩效间不存在显著性关系，对财务和技术绩效没有明显作用。周茂春（2019）对新能源企业的滞后期的研究中发现政府补助对财务绩效没有确定的相关关系。杨玉莹（2019）则以协鑫集成为例对光伏企业进行了分析研究，其发现虽然营业收入的增加有利于企业获得更多政府补助，但是政府补助不能使经营业绩增长，也不能从根本上提高企业绩效。梁晓慧（2019）对际华集团的研究中发现，每年获取大额的政府补助使其增加了当期的现金流，也对当期利润起到了很大提升，甚至扭亏为盈，但其自身的盈利能力未相应地提升，反而有恶化的迹象。熊金粮（2020）通过对比亚迪汽车企业分析，认为政府补助对于企业的盈利能力无法提高，且对于偿债能力的作用也无法持久。张缘（2020）对新能源 F 公司研究得出，政府补助不能有效提升财务绩效，该公司对于政府补助的资金利用率并未达到理想值。也有学者在对企业不同生命周期阶段的研究中发现，政府补贴对企业各方面绩效存在不同影响效果，其中对企业长期财务和创新绩效的影响为倒"U"型的关系。

（2）企业环保投入对财务绩效影响的研究。近年来，国内学者逐渐开始关注企业环保投入对财务绩效的影响，但对于两者间的关系，学者们看法并不一致。综合众多学者观点，本书将其归类为正相关、负相关、不显著和"U"型相关。

①关于企业环保投入对财务绩效正向影响的研究。国内多数学者认为企业环保投入对财务绩效有正向影响。李静和陈武（2013）对 1990～2011 年省际面板数据采用修正的环境绩效模型及 FGLS 方法分析，发现增加污染治理投资在短期内会增加生产成本，但也会带来递增的收益。薛广燕（2016）结合 2006～2014 年相关数据对我国石油企业进行环境效果分析，发现环保支出指标对企业财务绩效有促进作用。林启艳（2016）对沪深两市中 2010～2014 年持续公布环保投资金额的上市公司进行了研究，发现环保投资对企业绩效有正向影响。刘定丽（2016）选取沪深上市的 52 家采矿业为对象，研究发现企业环境成本对企业绩效存在积极正向影响，在当期及滞后一期都有

显著性，并且非国有企业的影响更为显著。李萍（2018）对制造业 A 股上市企业 2012～2016 年的数据进行分析，发现环保投入对后期财务绩效有显著的正向推动作用，其中创新投入具有调节作用。焦捷等（2018）对环保投入进行了研究，认为民营企业环保投入有助于改善企业的绩效，政治关联对环保投入和企业绩效的关系具有正向调节作用。乔永波（2018）选取了托宾 Q 值作为企业财务绩效，以环保投资效率作为解释变量，证实环保投资效率可以显著提升企业财务绩效。范宝学等（2019）发现煤炭企业的环保投入对财务绩效有明显促进作用，当环保投入、绿色技术创新共同作用于财务绩效时，会对财务绩效产生更有力的促进作用。张思璐等（2018）对国内钢铁行业上市公司 2014～2017 年的数据进行研究，发现环保投入与财务绩效的相关性和滞后性主要体现在总资产报酬率、每股收益以及托宾 Q 值上，从长远看，企业的环保投入对财务绩效有促进作用，且存在滞后性。刘桂军（2020）在新环保法背景下，认为企业环保投资行为一定程度上有利于企业财务能力的增加，能够提升企业市场价值。张子强（2020）研究得出企业环保投入显著正向影响其财务绩效，且重污染企业的环保投入对财务绩效的影响更为显著。

②关于企业环保投入对财务绩效负向影响的研究。一部分学者认为企业环保投入对财务绩效具有负向影响。周洪（2012）通过实证发现排污费与所有者权益比和企业财务绩效显著负相关，表示进行环保治理的支出越多，会使利润减少从而降低企业财务绩效。李惠英（2014）研究发现短期内环境成本的投入会导致企业的经济绩效降低，两者呈现负相关关系；薛海涛（2016）以全国 31 个省份 2005～2014 年连续 10 年的数据进行研究，发现环境成本支出对财务绩效的影响是普遍存在的，环境成本支出与利润总额和企业增加值为负相关，在环境成本支出中，废水、废气环境成本支出对重污染行业的财务绩效影响最为显著。高敏（2016）对我国 A 股上市公司在 2011～2014 年间公布的环保投资额和研发支出总额进行了分析，发现企业环保投资和技术创新投入对企业的财务价值有负向的影响。叶红雨等（2017）、刘丹（2018）对环境规制的研究中，认为环境规制对企业财务绩效会产生消极的影响，因为环境规制会造成企业投入较多资金，使企业成本增加，环保投资

支出可能会排挤企业正常的生产经营投入，抑制企业的短期财务绩效。而对新能源上市公司研究中，金慧琴等（2018）发现企业增加环境污染治理投入会降低企业的经营利润和财务绩效。迟铮（2020）对重污染企业研究得出，企业的资本性环保支出与财务绩效互为显著负相关的关系。

③关于企业环保投入对财务绩效不显著影响的研究。还有一部分学者认为企业环保投入对财务绩效的影响不显著。李艳萍（2013）对 2009～2011 年间的直接排污上市公司进行了分析，发现以单位营业收入排污费为例时，环境绩效和财务绩效间是不具有显著相关关系的，其认为在环境末端治理下，环境绩效的改善并不明显，对财务绩效的影响也不显著。刘辉（2016）则认为我国工业企业环保支出对企业财务绩效可能产生负面影响，也可能产生正面影响。叶红雨等（2017）对重污染行业的研究中虽然认为环境规制对企业的短期绩效抑制，但同时也发现环境规制与企业长期绩效不相关，表明环境规制所导致环保投入的增加会体现在企业当期的财务指标上，使短期财务绩效降低，但与长期财务绩效无关。

④关于企业环保投入对财务绩效"U"型影响的研究。也有少数学者认为企业环保投入对财务绩效的影响呈"U"型曲线关系。赵雅婷（2015）对 A 股上市公司的经验数据研究，发现我国企业的环保支出规模与其财务绩效呈先递减后递增的"U"型关系，重污染行业相较于非重污染行业的企业环保支出行为对财务绩效的影响更大。冷俊秋（2020）指出环境责任的履行短期内会降低企业绩效，长期来看会提升企业绩效。

（3）政府补助对企业环保投入影响的研究。社会责任中对环境方面责任的关注始于 20 世纪 80 年代，而我国对于社会责任的研究起步较晚，于 20 世纪 90 年代引入并得到重视，相关学者对两者关系的研究也逐渐增多。根据查阅的文献资料，本书将政府补助对企业环保投入影响的研究归类为正相关、负相关或无显著关系。

①关于政府补助对企业环保投入正向影响的研究。多数学者认为政府补助对企业环保投入有正向影响。扶乐婷（2018）对深沪两市 A 股制造业公司进行所有权性质的分类研究，发现国有企业获得环保补助后更加关注企业环境绩效。而魏玮和何旭波（2012）对政府的研发补贴进行了专项研究，认为

其会促使企业在研究与开发方面加以投入，进而实现节能减排。李海涵（2015）对 2008～2013 年间的资源型上市公司进行了分析，研究发现企业所获政府支持越多，越会增加在环境保护和污染治理方面的投入，该影响对企业次年环保投入仍存在，说明政府支持对企业环保投入有正向影响，且该作用可持续，其中与收益相关的政府补助效果明显。王永慧（2017）通过对 2010～2015 年 A 股上市公司的分析，认为政府补助能起到激励企业进行环保投资的作用。

②关于政府补助对企业环保投入负向影响的研究。部分学者认为政府补助对企业环保投入为负向影响。李永友等（2008）检验环境政策的有效性，提出环保补助对企业的绿色低碳发展没有明显的作用，但是强制性地对污染进行罚款却能显著减少污染。张彦博和李琪（2013）采用固定效应模型实证政府环保补助与环境质量改进的相关性，检验表明，环保补助对环境质量的改进有负相关关系。范莉莉（2019）提出政府补助并非越多越好，其在企业环保支出与绿色创新中有负向调节作用，且在国有企业中这种负效应更加明显。

③关于政府补助对企业环保投入不显著影响的研究。也有学者认为政府补助对企业环保投入影响不显著。高良谋（2008）认为在企业在节能减排的过程中应以政府为主导机制，仅靠税收优惠或其他财政政策无法实现，还需要严格法律等的要求。赵书新和欧国立（2009）认为政府与企业之间由于存在信息不对称，所以财政补助对环保产业影响不大。申香华（2010）指出接受财税补贴的公司在税款缴纳、提供社会捐赠、增加环保投入等方面并没有显著的贡献。

（4）油气企业环保投入、政府补助和财务绩效方面的相关研究。国内学者还没有对油气企业环保投入、政府补助方面进行专门研究，针对油气企业财务绩效方面的研究成果也非常少。大部分学者以"油气开发企业""油田企业""石油石化企业""石油企业"为对象研究财务绩效，如陈君曦（2018）选取 10 家有代表性的油气开发企业，探讨环境管理对财务绩效影响的基本形态，并以中石油 2008～2016 年环境管理数据为研究样本，用主成分分析法总结出其对油气开发企业财务绩效影响的模式与特点。左海彤（2018）根据油田企业特点设计了包括盈利能力、运营能力、发展能力和管控能力 4 个维度的油田企业财务绩效评价指标体系，并根据"业财融合"原则对指标进行分解，利用沃尔评分法进行财务绩效考评。学者们通常从"国际油价波动""现金流管理""环境管理""环境信息披露""社会责任""环境绩效"等视角探讨对财务绩效的影响，或者探讨对财务绩效的评价。如王璐（2019）根据 2008～2018 年国际原油价格波动数据计算经济增加值，通过 EVA 指标数据进行纵向分析以及横向对比分析，进而剖析国际油价波动对中国石油财务绩效的影响。何茜等（2019）实证研究了 2008～2017 年国际油价波动对中石化和中石油利润的影响，提出规模化发展、控制成本、扩大油气资源等措施进行国际合作，降低销售成本提升利润。王聪（2019）以中国石化和中国石油 2011～2018 年的财务数据为样本，实证研究现金管控程度和现金流对财务绩效的影响，结果表明，全部资产现金回收率、子公司持有现金的水平、净利润现金比率和经营性现金净流量增长率是油气企业财务绩效的重要影响因素。于婷婷（2016）以石油行业为研究对象，选取 2010～2014 年的财务数据，以净利润为控制变量，以社会责任为解释变量，以财务绩效为被解释变量，实证研究企业社会责任对财务绩效的影响。和文娜等（2014）以石油行业 2000～2010 年的数据为样本，采用因子分析和 OLS 回归分析等方法实证研究了环境绩效与财务绩效关系。研究结果表明，短期内环境治理会削弱企业的财务绩效，但长期环境治理将成为企业的竞争优势，可实现财务与环境的双赢局面。

1.3.3　国内外研究评价

通过国内外相关研究成果的梳理，学者们关于企业环保投入、政府补助以及财务绩效之间关系的研究成果日益丰富，角度也更加多样化，多集中在三者中两两之间关系的研究，但也存在系统性不强和时代性不足的缺点，特别是关于三者之间内在关系的研究尚未涉及。

（1）在政府补助对财务绩效影响的研究中，两者的关系有正相关、负相关、不显著和"U"型相关四种情形。多数学者支持政府补助对财务绩效产生正向影响的结论，且该影响具有滞后性，但学者们就政府补助的类别、行业、企业性质和生命周期进行探讨，发现这些因素对企业财务绩效的影响呈现出差异。

（2）在企业环保投入对财务绩效影响的研究中，两者的关系也有正相关、负相关、不显著和"U"型相关四种情形。其中，以正向促进作用的结论居多，由于多数学者是以实证方法进行研究，因此所得结论与选取行业、样本规模及研究期间长短等都有关，对滞后性的研究反映出企业环保投入对于财务绩效的影响往往滞后几期。

（3）在政府补助对企业环保投入影响的研究中，两者的关系虽有正相关、负相关或不显著相关三种情形。但多数学者认为两者存在正向影响且作用可持续，政府补助的增加会促进企业进行环境治理，增加环保投入，履行社会责任。

（4）政府补助与企业环保投入对油气企业财务绩效影响的研究少有。虽已有学者在研究政府补助对财务绩效影响时引入中间变量，但多以研发投入、技术创新、污染治理责任、产品市场竞争等作为调节或中介变量进行研究，并未涉及企业环保投入，研究的对象多集中在农业、新能源汽车、医药制造、战略性新兴产业以及高新技术企业等国家重点扶持的行业，并没有结合油气企业。在践行可持续发展观的时代背景下，企业和政府均应背负起环保责任。因此，深入研究政府补助与企业环保投入对财务绩效的协同影响已成为重要课题，针对重污染行业的研究也更有现实意义。

1.4　研究内容与技术路线

1.4.1　研究内容

本书以油气企业为研究对象，将企业环保投入作为中介变量，探究政府补助对财务绩效的影响，主要研究内容如下。

（1）油气企业政府补助、环保投入和财务绩效现状分析。在对油气企业和数据来源进行界定的基础上，从环保型和非环保型两个角度分析我国油气企业政府补助情况；从预防性和治理性两个方面分析我国油气企业环保投入情况；选取盈利状况、资产质量状况、债务风险状况、经营增长状况以及现金流状况代表财务能力指标，选取环境管理状况和风险管控状况代表非财务能力指标，从 7 个维度构建体现油气企业行业特色的评价指标体系，利用统计软件 SPSS23.0，运用因子分析法实现对油气企业财务绩效的综合评价，为后续的实证研究提供数据支撑。

（2）构建政府补助与企业环保投入对油气企业财务绩效影响的机理模型。以可持续发展理论和外部性理论为基础，针对油气企业特征，从理论上剖析政府补助对油气企业财务绩效的影响、政府补助对油气企业环保投入的影响，以及政府补助通过影响油气企业环保投入进而影响财务绩效，并在此基础上提出实证研究假设，梳理政府补助与企业环保投入对油气企业财务绩效的影响机理，为实证研究油气企业环保投入能否作为中介变量在政府补助与财务绩效之间发挥中介效应提供理论基础。

（3）实证研究企业环保投入在政府补助影响油气企业财务绩效过程中的中介效应。以财务绩效为被解释变量，政府补助为解释变量，企业环保投入为中介变量，资产负债率、企业规模、股权集中度、地理位置和产权性质为控制变量，构建中介效应实证模型，利用统计软件 Stata15.1 对沪深上市的油气样本企业数据进行描述性分析、政府补助对油气企业财务绩效影响的主效应回归分析、政府补助对油气企业环保投入影响的回归分析、油气企业环保投入的中介效应回归分析、预防性及治理性环保投入的中介效应回归分析，并进行稳健性检验，验证政府补助对油气企业环保投入及财务绩效的促进作用，进一步验证油气企业环保投入及不同性质的环保投入在政府补助对财务绩效影响过程中的中介效应，为对策建议的提出提供方向指引。

（4）根据实证研究结果提出对策建议。基于政府补助对油气企业环保投入和财务绩效的影响，从政府补助视角提出加大政府补助政策支持力度、提高环保型政府补助的比例和建立政企联合的政府补助监控机制；基于油气企业环保投入发挥的中介效应，从企业环保投入视角提出转变油气企业环保投入理念、加大油气企业环保投入力度和增加预防性环保投入比重。

1.4.2　技术路线

技术路线如图 1.1 所示。

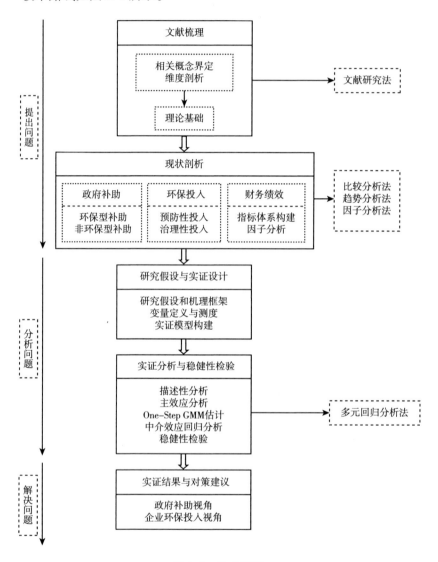

图 1.1　技术路线

1.5　研究方法

本书主要采用文献研究法、因子分析法、多元回归分析法和系统 GMM 方法，将规范研究和实证研究相结合，对政府补助、企业环保投入与油气企业财务绩效的内在关系进行研究。

（1）文献研究法。通过中国知网等资源收集政府补助、企业环保投入和财务绩效等文献，梳理了国内外相关研究成果，分类归纳了三者中两者之间的关系，指出了现有研究成果存在的不足，为本书的研究提供相应思路。对政府补助、企业环保投入与财务绩效的相关研究进行分析和比较，为后续实证研究三者之间的内在关系提供理论支撑。

（2）因子分析法。通过现有企业财务绩效评价方法的对比分析发现，因子分析法最大限度地规避了专家权重赋值的主观性，保证了评价结果的客观性。因此基于因子分析法构建了油气企业财务绩效综合评价模型，运用 SPSS23.0 统计软件，通过 KMO 和 Bartlett 检验后，进行主成分分析，构建财务绩效综合得分函数，保证了油气企业财务绩效定量评价结果的真实性。

（3）多元回归分析法。为了探究油气企业政府补助对财务绩效的影响以及油气企业环保投入在政府补助与财务绩效之间的中介效应，在界定被解释变量、解释变量、中介变量和控制变量的基础上，以我国油气上市公司为研究样本，运用 Excel 和 Stata15.1 统计软件对样本数据进行描述性分析、回归分析以及稳健性检验，对构建的验证模型进行实证分析。

（4）系统 GMM 法。在回归分析中本书构建了动态面板模型。动态面板模型设定中将被解释变量的滞后项作为解释变量引入回归模型中，使得模型具有动态解释能力，但模型中存在内生性问题。系统 GMM 方法对原水平模型和差分变换后的模型同时进行估计，能够修正未观察到的异方差问题、遗漏变量偏差、测量误差和潜在的内生性问题。动态面板 GMM 估计分为一步法（One‐Step GMM）和两步法（Two‐Step GMM）。两步估计的权重矩阵依赖于估计参数，标准差存在向下偏差，并没有带来效率改善且估计量不可靠。一步法估计量尽管效率有所下降但它是一致的，因而人们通常使用一步法估计。在 One – Step GMM 中，xtabond2 命令中使用的稳健标准误考虑了个体异方差和自相关。因此，本书采用 xtabond2 命令进行一步法下的系统 GMM 估计，并使用了稳健标准误。

第 2 章

相关理论概述

本章剖析了政府补助、企业环保投入与财务绩效的内涵，阐述了可持续发展、利益相关者、外部性和信号传递等相关理论基础。

2.1 相关概念界定

2.1.1 政府补助

政府补助被称为政府补贴，是一种转移支付手段。庇古的《福利经济学》认为，市场竞争能够实现资源最优配置，但需要政府干预才能达到福利最大化。政府补助随着政府干预的提出应运而生，其定义有广义和狭义之分。广义的政府补助是指政府或其他公共组织直接或间接地将经济利益转移到微观市场主体的行为。狭义的政府补助通常指会计理论中政府补助定义。根据 2017 年 5 月财政部修订的《企业会计准则第 16 号——政府补助》规定，政府补助是指企业从政府无偿取得的货币性资产以及非货币性资产，但不包括政府作为企业所有者投入的资本。本书探讨的就是狭义的政府补助，按照补助与环保的关联程度将其细分为环保型和非环保型政府补助进行深入研究。

政府补助的形式分为财政拨款、税收返还、财政贴息及无偿划拨非货币性资产。其中，财政拨款是指政府在拨款时明确规定了资金用途并无偿拨付的专项货币资金，本书中研究的环保型政府补助大部分属于此类，比如节能减排专项资金、绿色生态补助及可再生能源补助金、环保专项资金拨款以及大气污染防治专项资金等。财政贴息指的是政府为对特定领域或区域发展提供支持，结合国家宏观经济形势以及政策目标，对承担贷款的企业所支付的银行贷款利息给予相应的补贴。税收返还是指政府根据国家有关规定采取先征后返（退）、即征即退等办法向企业返还税款，是一种通过税收优惠为企业提供政府补助的方式，比如本书涉及的垃圾发电增值税退税、污水处理增值税即征即退、光伏发电增值税退税以及资源综合利用增值税返还等。最后是类似行政划拨土地使用权的无偿划拨非货币性资产。

按照政府补助准则的规定：与企业日常经营活动有关的政府补助在利润表的营业利润项目中单独列报为"其他收益"，如果政府补助冲减成本费用，则并入相关成本费用项目；与企业日常经营活动无关的政府补助，在利润表中营业外收支项目列报。因此，本书参考余明桂、杨向阳以及熊和平等学者的研究成果，基于油气上市公司年度报告附注中"其他收益、营业外收支"等项目，手工整理了政府补助披露明细，根据披露的具体内容获取环保型和非环保型政府补助的数据。

2.1.2　企业环保投入

环保投入就是环境保护投资（李萍，2018）。国家环境保护部门定义的环保投入是指在国民经济和社会发展中，社会各投资主体从各种社会积累基金、生产基金、经营基金和补偿基金中，支付用于改善和保护生态环境、防治环境污染的资金。吴舜泽等（2007）认为环保投入是用于污染防治、保护及治理自然环境的资金。有学者将环保投入定义为对污染源治理和防治、生态环境保护等各项资金投入的总和（Cai H. et al.，2014）。企业环保投入就是企业的环境保护投资，学术界通常用"企业环境投资、企业环保成本、企业环保支出、企业环保投资"等形式表达。国内外学者对企业环保投入的界定主要有"费用说"和"投资说"两种观点。王子郁（2001）、彭峰

（2005）研究发现美、日等发达国家的多数学者认同"费用说"观点，认为企业环保投入如同费用一样增加了企业的额外负担，如有学者将环境投资视为费用（Tamazian et al.，2009）。国内一小部分学者也认同"费用说"（孙冬煜和王震声，1999）。但大部分国内学者认同"投资说"观点，该观点追求环保投入目标的多元化，以实现经济、社会和环境效益的统筹发展，如唐国平等（2013）认为环保投资是政府、企业、法人等环境保护主体为了追求经济效益、环境效益与社会效益的有机结合，通过预防、治理环境污染、维护生态平衡，最终实现可持续发展的经济投资活动。"费用说"强调负经济性，忽视环保投入的环境、社会及经济效益。因此，本书采用"投资说"，借鉴熊雅婷（2017）和李金波（2019）的观点，将企业环保投入定义为：企业为了实现经济效益、生态效益和社会效益的统一，用于保护和改善生态环境、防治环境污染、环境资源修复等方面的事前预防、事中控制和事后治理的一系列资金投入的总额。

关于企业环保投入的划分及构成内容的研究，学者们的观点并不一致。张成等（2011）、唐国平等（2013）、李海涵（2015）将企业环保投入划分为与资产相关和与费用相关投入。陶岚等（2013）、李虹等（2016）参照国际环境管理标准将企业环保投入划为污染防治措施基金、废弃物处理资金、因污染而造成的损失和其他环境问题产生的投入等。万林葳（2012）和孙婷婷（2014）则结合行业因素将企业环保投入划分为事前矿区防护性支出、事中清洁生产投入、事后环境恢复等。学者们对环保投入的划分方法虽有不同，但内容大多涉及环境预防、生态修复及末端治理等方面。因此，本书在参照上述学者观点的基础上借鉴熊雅婷（2017）的划分方法，将环保投入按投入目的不同划分为"预防性环保投入"和"治理性环保投入"。预防性环保投入是指防止或减少企业在油气生产过程中以及后期污染排放对生态环境的影响而发生的环保投入，治理性环保投入是指对现有的环境污染进行治理、对已破坏的生态环境修复以及承担环境责任缴纳的费用所发生的环保投入。油气企业环保投入的具体分类见表 2 - 1。

表 2 - 1　　　　　　　　　　　油气企业环保投入分类

预防性环保投入	治理性环保投入
1. 当年新增弃置费用（与环保相关的）	1. 补偿费（包括矿产资源、水资源补偿费等）
2. 废水、废气、固体废弃物综合利用项目	2. 排污费
3. 环保设施的购置与改造（如脱硝、脱硫等技术改造）	3. 环境污染治理费（包括废水、废气、固体废弃物、粉尘、废渣、烟气、灰场治理费等）
4. 绿化工程（包括公益性生物资产）	4. 环保税、资源税、城市维护建设税等税费
5. 节能、减排的技术投资与改造	5. 环卫、绿化、堤围防护费
6. 环保技术投资与改造（包括清洁生产工艺）	6. 生态环境恢复与搬迁补偿费等

资料来源：CSMAR 数据库并参考公司年报披露明细，经手工分类整理得出。

由表 2 - 1 可知，油气企业预防性环保投入主要包括与环保相关的预计负债（包括弃置费用）、与环保相关设施的购置与改建、污水处理生产线改造、绿化工程支出（包括公益性生物资产）、节能减排技术投资与改造节能项目、环保技术投资与改造（包括清洁生产工艺）、"三废"综合利用项目及水利建设基金等。油气企业治理性环保投入主要包括资源补偿费（包括矿产资源、水资源补偿费等）、排污费、环境污染治理费、城建税、环境税及资源税、环卫、绿化、堤围防护费、生态环境恢复与搬迁补偿费等。预防性和治理性环保投入数据参考上市公司年度财务报告、社会责任报告披露情况，经手工整理公司年报的在建工程、税金及附加、管理费用、研发支出、预计负债及长期待摊费用等项目得出。

2.1.3　财务绩效

财务绩效是企业对经济以及资源分配和资源利用效率的评价，可以反映企业在一定期间内的经营业绩和管理效率。它能够较全面地表达企业资产管理、成本控制、资金调配的效果以及权益报酬率。财务绩效的衡量主要使用财务性指标进行，包括会计角度和市场角度两类指标。会计类指标主要依据财务报表，分析企业盈利能力，使用净资产收益率、总资产收益率、投资回报率、销售利润率、每股盈余等衡量。而市场类指标主要依据市场交易信息，分析企业市场价值，通常使用托宾 Q 值来衡量。由于财务性指标具有易获取性、可靠性和易检验等特征，因此在现有实证研究中，大部分学者采用可计量的财务性指标衡量企业财务绩效。如有学者以投资回报率的增长反映财务绩效（Johnson，1995）。杨东宁等（2004）用企业价值来衡量财务绩效。张宗新（2007）等用总资产收益率衡量财务绩效。李伟（2012）运用净资产收益率、总资产收益率以及净利润增长率三个指标共同衡量财务绩效。但财务绩效是一个比较复杂的概念，可以从多个方面来对其进行评定。国外学者提出财务绩效的衡量应同时考虑财务性和非财务性指标（Mueller et al.，1992）。卡普兰等（Kaplan et al.，1992）建立了平衡计分卡方法衡量财务绩效，这种方法综合考虑了企业财务与非财务信息。国内学者朱乃平等（2014）认为单纯的财务指标不能全面衡量财务绩效，应将财务与非财务因素、长期与短期财务指标均考虑在内。因此，本书在参考众多文献的基础上，评价企业财务绩效时采用财务和非财务指标相结合，选取盈利状况、资产质量状况、债务风险状况、经营增长状况以及现金流状况代表财务能力指标，选取环境管理状况和风险管控状况作为代表油气行业非财务能力指标，从 7 个维度构建体现油气企业行业特色的评价指标体系，综合评价油气企业的财务绩效，评价过程及结果在第 3 章阐述。

2.2　相关理论基础

企业环保投入、政府补助和财务绩效内在关系的研究与可持续发展理论、利益相关者理论、外部性理论和信号传递理论有着紧密的联系，为后续研究提供丰富的理论基础。

2.2.1　可持续发展理论

1987 年，世界环境与发展委员会（World Commission on Environment and Development，WCED）在《我们共同的未来》中正式提出可持续发展的概念，将可持续发展界定为"即满足当代人的需要，又对后代人满足其需要的能力不构成危害的发展"。这种发展应该包括经济的可持续发展、生态的可持续发展和社会的可持续发展三个方面，从而实现经济、生态、社会的统筹和谐。经济的可持续发展注重经济增长质量，要求企业将传统的生产方式调整为清洁生产，将传统的消费模式调整为绿色消费。生态的可持续发展关注自然承载能力，要求重视生态文明，为了子孙后代的生存，保证自然资源的可持续利用。社会的可持续发展注重社会公平，要求兼顾各国不同发展阶段，提高全人类生活质量和健康水平，创建自由平等的社会环境。

为了实现可持续发展，油气企业必须增加环保投入，加强环境保护，提高环境管理能力，维持生态平衡。油气企业在运作时不仅要考虑经济效益，还应兼顾环境效益。油气企业回报于环境，环境贡献于油气企业，形成油气企业与环境可持续发展的良性循环。为了实现自身和环境的可持续发展，油气企业应该走环保化道路，注重预防和治理相结合，发展循环经济，进而提高资源利用效率。可持续发展理论倡导将发展问题和环境问题进行有机结合。对于油气企业而言，政府补助能为其可持续发展提供一定的经济基础，油气企业环保投入保障了可持续发展的环境条件，两者共同作用能够促进企业财务绩效的提升。

2.2.2　利益相关者理论

"利益相关者"是美国学者1963年首次提出的，认为其是与企业有着密切联系的人。此后，该理论在西方国家逐渐兴起，20世纪80年代以后得到完善。弗里曼（Freeman，1984）在著作《战略管理：一种利益相关者的方法》中对利益相关者的内涵作了界定：企业利益相关者是指那些能影响企业目标的实现或被企业目标的实现所影响的个人或群体。这说明企业与股东、债权人、客户、雇员、供应商以及政府、媒体、社会团体等都存在重要的联系。自此，利益相关者理论也被正式提出并应用于管理实践中，促进了公司管理方式和治理模式的转变。利益相关者理论分为管理和道德两大分支，管理分支强调企业不应只追求个别利益相关者的利益，而应平衡和协调各个团体间的利益，在实现利益最大化的同时，促进自身经济与社会环境的可持续发展。道德分支强调在生产经营过程中企业应当主动承担社会责任。可见，利益相关者理论不仅看到了股东，还看到了广大的利益相关者对企业运营产生的重要作用。从更深层次分析，企业的利益相关者还应包括影响生产活动的自然环境，甚至是受其活动影响的子孙后代。因此，在企业运营过程中，企业的决策不能只考虑自身，更要付出一定的代价来兼顾利益相关者的利益，才能得到认可和支持，从而提升竞争力，赚取更多的利润，增加财务绩效。

随着经济的发展，环境问题日益严峻，已成为我国政府治理的重点问题。基于利益相关者理论，环境问题关系到每个公民的生活质量和核心利益。企业如果不顾利益相关者的利益，不履行环保义务，甚至是破坏生态环境，最终会受到媒体的谴责、消费者的抵制、债权人的拒绝贷款甚至政府的行政处罚，不仅不会创造更多收益，反而会走向破产边缘。因此，油气企业应主动承担自身发展带来的环境责任与风险。短期来看，如果履行环保义务，势必会增加环保成本，降低其财务绩效；但从长远来看，有效履行环保义务，进行节能减排，维护利益相关者的切身利益，不仅能获得政府的补贴，通过媒体的宣传还可以提高油气企业环保形象，增强核心竞争力，创造更多利润，进而实现油气企业的可持续发展。

2.2.3　外部性理论

外部性理论的雏形是亚当·斯密在《国民财富的性质和原因的研究》中提出的，其认为个人追求自身利益的同时，也会促进社会的利益。该理论是西方学者在研究市场失灵问题中逐步产生的，揭示了低效率资源配置问题。其中，马歇尔的"外部经济"理论、庇古的"庇古税"理论和科斯的"科斯定理"最具代表性。1890 年，马歇尔在《经济学原理》中提出"外部经济"概念，其用"内部经济"和"外部经济"说明第四类生产要素，即"工业组织"的变化如何增加产量。1920 年，庇古在《福利经济学》中提出"外部不经济"的概念和内容，扩充了马歇尔的"外部经济"，指出"私人边际成本"小于"社会边际成本"时，即单个厂商的行为给其他厂商或者社会造成了危害时，此时市场处于外部不经济状态，是不可能实现帕累托最优的。因此，市场出现了失灵，要依靠政府征税或者补贴来解决外部性问题，这就是著名的"庇古税"。庇古税在经济活动中得到广泛的应用，如在基础设施建设领域采用的"谁受益，谁投资"的政策，在环境保护领域采用的"谁污染，谁治理"的政策等。科斯在《社会成本问题》中提到科斯定理，即如果交易费用为零，无论权利如何界定，都可以通过市场交易和自愿协商达到资源的最优配置；如果交易费用不为零，制度安排与选择是重要的。科斯定理的代表性应用就是环保领域的排污权交易制度。

外部性理论是环境保护问题的理论基础之一，生态环境是典型的公共物品。由于公共物品的免费以及非竞争性和无明确的产权，造成了"搭便车"，形成了外部不经济的现象，导致资源的浪费和环境的污染。油气企业在生产过程中，不可避免地会产生大量的污染物，如果监管到位，油气企业需要无害化处理后排放，这无疑会增加"私人成本"，进而降低企业利润率；如果监管乏力，油气企业不会主动治理污染物，而是直接排放，进而给周边的空气、土壤、水和生物带来危害，造成巨大的经济损失，增加"社会成本"。这时，市场机制已经无法有效地解决这个问题。因此，根据庇古税理论，采用政府补助的正面政府干预行为，相较于仅实施行政处罚等负面政府干预行为，无疑会给油气企业带来更大的推动力，对于积极履行环保义务的油气企业，政府应提供环保型政府补助，鼓励其主动履行环保责任；对于排污不达标的油气企业，政府应通过收税的方式进行惩戒，推动油气企业被动地履行环境责任。

2.2.4 信号传递理论

1973 年，斯宾塞（Spence）建立了劳动力市场模型，首次系统阐述了信号理论的基本思想。信号理论自创立以来，在产业组织、财务学及社会制度等诸多领域广泛应用。信号传递理论源于信息不对称理论，在信息不对称市场中，处于信息优势的卖方掌握着更充分的信息，而买方所获取的信息不如卖方充分，则处于劣势地位。原本信息优势方可依靠自身掌握的更多信息获取收益，但如果其主动向劣势方传递可靠信息，这就向市场传递了积极的信号，从而规避逆向选择带来的负面影响。这也说明，在市场交易中，如果拥有额外信息的优势方选择将该信息传递给不具有该信息的劣势方，可以在一定程度上消除信息的不对称性，实现市场效率的帕累托改进。1979 年，巴塔查尔吉（Bhattacharya）借鉴斯宾塞的信号模型思想，创建了第一个股利信号模型，认为现金股利具有的信息可以作为未来预期盈利的信号。西方学者研究发现，企业向外界传递信息常见于股利宣告、利润宣告和融资宣告三种信号。

油气企业是资源型企业，面对的环境问题多于其他行业，其生产耗能大，造成的污染也较多。国家通常采用政府补助的手段干预企业的经济活动，这种政府补助通常具有政策导向性。基于信号传递理论，政府应该通过一系列的手段引导油气企业的环保行为，规避其以牺牲环境为代价进行生产。如果油气企业的排污量超过政府设置的标准，政府会对其进行处罚，甚至对其提起环境诉讼，这意味着油气企业不仅会支付赔款造成经济损失，还会向外界传递企业不履行环保责任的负面形象，降低企业信誉，最终导致财务绩效下降甚至破产。但油气企业积极响应国家政策，主动履行环保义务、承担环保责任、采取措施加大预防性和治理性环保投入，一方面，可以获得政府环保补助资金，向外界传递良好企业形象，增强投资者的投资信心，以此消除信息不对称的影响；另一方面，油气企业获得补助后，补助的资金最终会体现在企业的利润表中，定期更新财务报表向报表使用者传递出企业发展良好的信号，进而影响油气企业的财务绩效。

第 3 章

油气企业政府补助、环保投入和财务绩效现状分析

本章在确定油气企业样本选择和数据来源的基础上，从环保型和非环保型两个角度分析样本油气上市公司获得政府补助的现状；从预防性和治理性两个方面分析样本油气上市公司环保投入的现状；从盈利能力、资产质量、债务风险、经营增长、现金流、环境管理和风险管控 7 个维度构建体现油气企业特色的评价指标体系，运用因子分析法，实现对样本油气上市公司财务绩效的定量评价，为后续的实证研究提供数据支撑。

3.1　油气企业样本选择和数据来源

油气企业是指从事石油和天然气勘探、开采、加工、储运和销售等业务的企业（生艳梅和钱逸珠，2020）。本书选取 2008～2019 年沪深 A 股上市的油气企业作为研究对象，在界定油气企业范围时，根据证监会 2019 年 4 季度上市公司行业分类文件，选取了石油和天然气开采业（6 家）、石油加工、炼焦及核燃料加工业（16 家）、开采辅助活动（17 家）、燃气生产和供应业（25 家）四个板块的上市公司。同时，为了增强样本的代表性，根据凤凰网概念板块分类标准，又增选了两桶油改革（10 家）、油改概念（28 家）、页岩气（36 家）、油气能源（120 家）、天然气（100 家）、油气设备服务（49

家）6 个板块的上市公司①。油气企业数据样本筛选过程如下：

（1）剔除重复的样本；

（2）剔除 2008 年以后及在创业板上市的公司；

（3）剔除与油气主营业务不符的上市的公司；

（4）剔除 ST 类、*ST 类上市的公司；

（5）对所有连续变量进行 5%～95% 的缩尾处理。

基于上述选取过程，最终选取了 53 家油气上市公司连续 12 年数据作为研究样本，保留了 636 个观测量，样本公司具体信息如附录 1 所示。

本书所使用的数据来源于 CSMAR 数据库，个别缺失数据通过沪、深交易所、新浪财经、巨潮资讯网等网站查找上市公司年度财务报告、社会责任报告、可持续发展报告及其他信息进行补充。在计算财务绩效综合得分时，由于个别企业个别年份数据缺失，最终得出 625 个观测量，缺失率为 1.73%。为保证面板数据的强平衡，本书参考邓建新等（2019）对缺失数据的处理方法，选取缺失值前后两年的均值进行插补。环保型和非环保型政府补助、预防性和治理性环保投入数据参考公司年报披露明细，经手工整理得出。本书数据整理与分析分别采用 Excel、SPSS23.0 和 Stata15.1 软件进行处理。

本节对油气企业样本选择和数据来源的界定同样适用于后续的实证研究。

3.2　油气企业政府补助现状分析

我国经济发展进入新常态以来，经济增速由不平稳的高速增长转变为平稳的中高速增长，如图 3.1 所示。增长速度放缓是由我国经济发展的内在逻辑决定的：一方面，劳动力供给下降、环境治理成本上升、消费向服务性商品倾斜，经济继续保持高速增长已经做不到；另一方面，高投入、高消耗、

---

① 中国证券监督管理委员会．2019 年 4 季度上市公司行业分类结果［EB/OL］．［2020 - 01 - 10］．http：//www.csrc.gov.cn/csrc/c100103/c1451996/1451996/files/1616066676808_31329.pdf.

高污染的增长方式使得资源环境的承载力下降，难以承受较高的增长速度，经济增速换挡也符合规律。

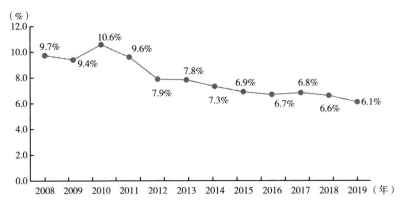

图 3.1　我国 GDP 增长率

资料来源：中国统计年鉴 ［M］. 北京：中国统计出版社，2009 ~ 2020.

从图 3.1 可以看出，2008 ~ 2013 年我国的 GDP 增长率波动较大，而 2014 ~ 2019 年的 GDP 增长率增速放缓且处于相对稳定的阶段，为油气企业发展提供了稳定的经济环境。2008 年，全球金融危机爆发后，国际原油价格经历了大幅度波动状态，特别是 2014 年下半年，国际油价暴跌并低位运行以来，油气企业整体财务绩效锐减。政府补助作为国家宏观调控的重要手段，不仅可以促进社会资源的优化配置，还可以促进企业的产业结构调整。油气企业作为政府高度关注的高污染型企业，获得了相应的政府补助。因此，本书以 2014 年为分界点，从环保型和非环保型两个角度分析样本油气上市公司 2008 ~ 2019 年获得的政府补助情况。

3.2.1　政府补助总体情况

剔除极大值年份中两桶油获得高额政府补贴的影响，53 家样本油气上市公司政府补助 2008 ~ 2019 年总额约为 2098 亿元，整体呈现上升趋势。2008 年获得的政府补助总额高达 714. 1516 亿元，是 12 年中的极大值，通过查阅年度报告发现，政府为了平抑国际原油价格剧烈波动对我国经济的不利影响，保障原油、成品油市场的供给，给予中国石油、中国石化高额政府补贴，以弥补国内成品油和原油价格下跌造成的损失，中国石化获得了 503. 42 亿元，中国石油获得 169. 14 亿元，共计 672. 56 亿元，占 2008 年政府补助总额的 94. 18%，如图 3. 2 所示。

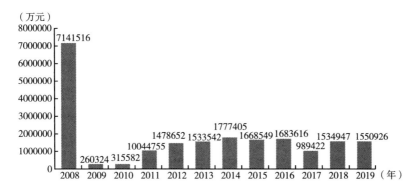

图 3. 2　油气上市公司政府补助总额

资料来源：CSMAR 数据库及企业年度财务报告，经手工整理得出。

从图 3. 2 可以看出，剔除极大值年份中国石油、中国石化获得高额政府补贴的影响，53 家样本油气上市公司政府补助 2008～2013 年的总额约为 505 亿元，2014～2019 年的总额约为 920 亿元，可以发现 2014 年之后政府补助总额有明显增加，政府加大了对油气企业的补助力度，更好地发挥了政府"无形之手"和"扶持之手"的作用。

3. 2. 2　环保型政府补助情况

从国家层面看，在生态文明建设成为执政理念的指引下，我国政府高度重视环境保护工作，不断加大环境保护的财政投入，特别是近些年来，环境保护的财政投入逐年增加。2008～2019 年国家环境保护支出总额基本呈现逐年递增的趋势，如图 3. 3 所示。

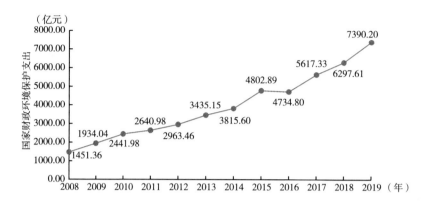

图 3.3　2008～2019 年环境保护支出总额

资料来源：中国统计年鉴［M］. 北京：中国统计出版社，2009～2020.

从图 3.3 可以看出，国家环境保护支出总额 2008 年为 1451.36 亿元，2019 年为 7390.2 亿元，2019 年与 2008 年相比总额增加了约 5.09 倍。

样本油气上市公司 2008～2019 年获得的环保型政府补助总额整体呈现增长趋势，如图 3.4 所示。

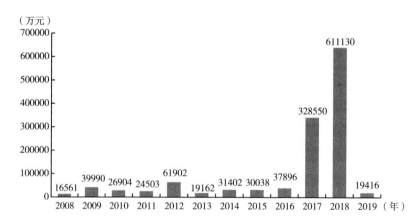

图 3.4　油气上市公司环保型政府补助总额

资料来源：CSMAR 数据库及企业年度财务报告，经手工整理得出。

从图 3.4 可以看出，2008～2013 年油气上市公司环保型政府补助总额约为 19 亿元，平均值约为 3.1 亿元。2014～2019 年油气上市公司环保型政府补助总额约为 106 亿元，平均值约为 17.67 亿元。12 年中的最小值为 2008

年的 1.6561 亿元，最大值约为 2018 年的 61.113 亿元。

样本油气上市公司 2008～2019 年环保型政府补助总额占政府补助总额的比例一直比较低，占比最低的年份是 2008 年，占比最高的年份是 2018 年，具体占比情况见表 3－1。

表 3－1　　　　2008～2019 年油气上市公司环保型政府补助统计

年份	环保型总额（万元）	平均值（万元）	最大值（万元）	最小值（万元）	占政府补助总额比例（%）
2008	16561.0855	324.7272	4495.6667	0	0.23
2009	39990.6647	754.5408	27111.6014	0	15.36
2010	26904.1127	507.6248	10272.9166	0	8.53
2011	24503.1213	462.3230	5250.9300	0	2.35
2012	61902.2563	1167.9671	48155.7297	0	4.19
2013	19162.7859	361.5620	7683.7476	0	1.25
2014	31402.1921	592.4942	10393.1816	0	1.77
2015	30038.6978	566.7679	5927.9166	0	1.80
2016	37896.0001	715.0189	8532.1491	0	2.25
2017	328550.5958	6199.0678	314600	0	33.21
2018	611130.9287	11530.7722	590800	0	39.81
2019	19416.7762	373.3995	4779.226	0	1.25

资料来源：CSMAR 数据库并参考公司年报披露明细，经手工分类整理得出。

由表 3－1 可知，2008～2013 年环保型政府补助总额占政府补助总额的比例较低，平均比例约为 5.32%，而且 2008 年的最低值仅约占当年获得政府补助总额的 0.23%，说明环保型政府补助的强度整体较弱。面对环境污染严重、生态退化、资源约束趋紧的情况，自 2014 年开始，政府提高了对生态系统和环境保护的补助力度。2014～2019 年，环保型政府补助总额占政府补助总额的比例有所提高，平均比例约为 13.35%，约为 2008～2013 年占比的 2.5 倍，说明环保型政府补助总额显著增加，这与国家的政策一致。但从表中平均值、最大值和最小值的情况可以看出，环保型政府补助在不同年份的不同企业之间差距比较大，分布不均衡。

3.2.3 非环保型政府补助情况

样本油气上市公司获得非环保型政府补助总额剔除 2008 年中国石油、中国石化获得的高额补贴影响，整体呈现上升的趋势，如图 3.5 所示。

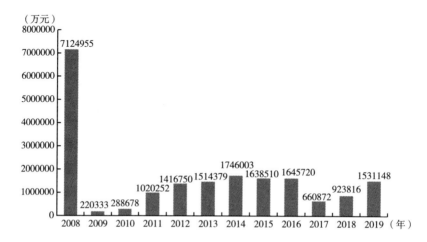

图 3.5 油气上市公司非环保型政府补助总额

资料来源：CSMAR 数据库及企业年度财务报告，经手工整理得出。

从图 3.5 可以看出，剔除 2008 年中国石油、中国石化获得的高额补贴影响，2008~2013 年样本油气上市公司获得非环保型政府补助总额约为 486 亿元，是同期环保型政府补助总额约 19 亿元的 25 倍，前 6 年总额的平均值约为 81 亿元，远大于 2008~2013 年环保型政府补助总额的平均值 3.1 亿元。2014~2019 年样本油气上市公司获得非环保型政府补助总额约为 815 亿元，是同期环保型政府补助总额约 106 亿元的 8 倍，后 6 年总额的平均值约为 136 亿元，是 2014~2019 年环保型政府补助总额平均值约 17.67 亿元的 7.7 倍，说明政府对样本油气上市公司补助以非环保型为主，但非环保型政府补助强度有所下降。

样本油气上市公司 2008~2019 年非环保型政府补助的平均值、最大值和最小值分布不均衡，具体情况见表 3 - 2。

表 3 - 2　　　　　油气上市公司非环保型政府补助统计　　　　单位：万元

年份	平均值	最大值	最小值
2008	7830.5013	233012.4	0
2009	4157.2409	109700	0
2010	5446.7563	159900	0
2011	19250.0421	673400	0
2012	26731.1390	940600	0
2013	28573.2003	1034700	0
2014	32943.4611	1093100	0
2015	30915.2982	790600	0
2016	31051.3349	850900	0
2017	12469.2834	485700	0
2018	17430.4966	586600	0
2019	29445.1608	1228100	0

资料来源：CSMAR 数据库并参考公司年报披露明细，经手工分类整理得出。

由表 3 - 1 和表 3 - 2 可知，2008～2019 年样本油气上市公司每年获得非环保型政府补助数额的平均值均大于环保型政府补助数额的平均值，也可以说明政府对样本油气上市公司补助以非环保型为主。从表 3 - 2 中最大值和最小值的情况看，非环保型政府补助在不同年份不同企业间的差距也比较大。

3.3　油气企业环保投入现状分析

绿色经济、循环经济成为 21 世纪的标志，用环保促进经济结构调整已成为经济发展的必然趋势。随着环境问题的凸显，国家把如何协调经济和环境的共同发展作为关注重点，我国在 2008～2019 年间颁布了诸多与节能减排和环境保护相关的规章制度，加大了对环境治理力度，加快了绿色转型，具体环境规制文件见表 3 - 3。

表 3 – 3   2008～2019 年环境规制文件汇总

时间	2008～2013 年环境规制文件	时间	2014～2019 年环境规制文件
2008	《水污染防治法》 《2008 年节能减排工作安排》	2014	《大气污染防治行动计划》 《水土保持补偿费征收使用管理办法》 《2014 - 2015 年节能减排低碳发展行动方案》 《大气污染防治行动计划实施情况考核办法（试行）》 《关于进一步推进排污权有偿使用和交易试点工作指导意见》 《国家应对气候变化规划（2014 - 2020 年）》《环境保护法》（2014 年修订）
2009	《国务院办公厅关于深入开展全民节能行动的通知》 《2009 年节能减排工作安排》		
2010	《防治船舶污染海洋环境管理条例》 《关于加快推行合同能源管理促进节能服务产业发展的意见》 《加大工作力度确保实现"十一五"节能减排目标的通知》 《关于推进大气污染联防联控工作改善区域空气质量的指导意见》	2015	《国务院办公厅关于加强环境监管执法的通知》 《水污染防治行动计划》 《中共中央 国务院关于加快推进生态文明建设的意见》 《生态环境监测网络建设方案》 《生态文明体制改革总体方案》 《关于加强企业环境信用体系建设的指导意见》 《全国水土保持规划（2015 - 2030 年）》
2011	《关于加强环境保护重点工作的意见》 《全国地下水污染防治规划（2011—2020 年）》	2016	《国务院办公厅关于健全生态保护补偿机制的意见》 《土壤污染防治行动计划》 《"十三五"控制温室气体排放工作方案》 《控制污染物排放许可制实施方案》
2012	《国家环境保护"十二五"规划》	2017	《"十三五"生态环境保护规划》 《"十三五"节能减排综合工作方案》
2013	《〈国家环境保护"十二五"规划〉重点工作部门分工方案》 《近期土壤环境保护和综合治理工作安排》	2018	《国务院关于修改〈建设项目环境保护管理条例〉的决定》 《打赢蓝天保卫战三年行动计划》 《中华人民共和国环境保护税法》 《水污染防治法》
		2019	《中华人民共和国资源税法》 《"无废城市"建设试点工作方案》

资料来源：查阅国家相关部门官网，经手工整理得出。

由表 3 – 3 可知，2008～2013 年的环保规制文件主要以节能减排为主，

2014~2019 年的环保规制文件主要以推进生态文明建设为主，且文件数量明显高于前 6 年。油气企业作为高污染企业，应当响应国家政策要求，主动承担环境保护的社会责任，加大环保投入，促进环境效益与经济效益相统一，实现可持续发展。因此，本书以 2014 年为分界点，从预防性和治理性两个方面分析样本油气上市公司 2008~2019 年的环保投入情况。

3.3.1 环保投入总体情况

样本油气上市公司 2008~2019 年的环保投入总额合计约为 8750 亿元，整体呈现递增趋势，如图 3.6 所示。

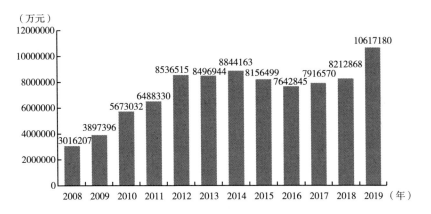

图 3.6 油气上市公司环保投入总额

资料来源：CSMAR 数据库及企业年度财务报告，经手工整理得出。

从图 3-6 可以看出，2008~2013 年环保投入总额合计约为 3611 亿元，平均每年的环保投入总额约为 602 亿元，而 2014~2019 年环保投入总额合计约为 5139 亿元，平均每年的环保投入总额约为 856.5 亿元。环保投入总额从 2008 年的 301.62 亿元增至 2013 年的 849.69 亿元，增幅达到 181.71%。这是因为 2008 年上海证券交易所发布了《上市公司环境信息披露指引》，强制性规定上市公司披露环境信息，2010 年环境保护部制定了《上市公司环境信息披露指南》，明确要求重污染行业的上市公司定期披露企业的环境状况并且接受社会监督。但 2014~2019 年的环保投入总额总体上较为平稳且增速变缓，这与经济结构不断优化升级有关，要求高污染油气企业增加环保投入，积极转型升级。

样本油气上市公司 2008～2019 年环保投入总额的平均值、最大值和最小值情况见表 3-4。

表 3-4　　　　　　　油气上市公司环保投入统计　　　　　　单位：万元

年份	平均值	最大值	最小值
2008	56909.5813	2277600	0
2009	73535.7765	2391100	0
2010	107038.3542	3676800	0
2011	122421.3305	4074900	0
2012	161066.3233	5665400	0
2013	160319.7157	5245000	0
2014	166870.9985	5505600	0
2015	153896.1862	4354800	0
2016	144204.6296	3806000	0
2017	149369.2366	4431900	0
2018	154959.7774	4193000	0
2019	200324.1469	4794000	0

资料来源：CSMAR 数据库并参考公司年报披露明细，经手工整理得出。

由表 3-4 可知，样本油气上市公司 2008～2019 年环保投入总额的平均值基本呈现递增的趋势，但从最大值和最小值的变化中可发现各企业之间的差距比较大。

3.3.2　预防性环保投入情况

样本油气上市公司 2008～2019 年预防性环保投入总额合计约为 2514 亿元，总额整体上呈波动上升趋势，如图 3.7 所示。

从图 3.7 可以看出，预防性环保投入总额仅占环保投入总额的 28.73%，说明预防性投入处于较低水平。其中，2008～2013 年的总额约为 1078 亿元，

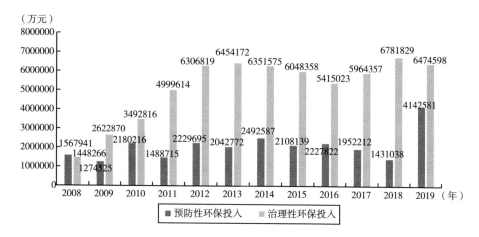

图 3.7　油气上市公司预防性和治理性环保投入总额

资料来源：CSMAR 数据库及企业年度财务报告，经手工整理得出。

前 6 年平均每年的投入额约为 179.7 亿元。2014～2019 年的总额约为 1435.4 亿元，而后 6 年平均每年的投入额约为 239 亿元，且在 2019 年出现陡增，即由 2018 年的约 143.10 亿元大幅增加至 2019 年的约 414.26 亿元，增长了 2.9 倍，这是因为国家政策起到了关键性作用。2018 年，《中华人民共和国环境保护税法》的出台，促进了油气上市公司大幅增加预防性环保投入，且效果显著。

3.3.3　治理性环保投入情况

样本油气上市公司 2008～2019 年治理性环保投入总额合计约为 6236 亿元，总额整体呈上升趋势，且治理性环保投入总额占环保投入总额的 71.27%，说明油气上市公司主要以治理性环保投入为主，如图 3.7 所示。这是因为国家意志引导了油气上市公司的发展方向，政府通过直接设定污染物排放标准、限制污染物浓度、收取排污费、制定排污许可证交易制度等一系列规制措施强制企业进行治理性环保投入，同时也说明油气上市公司逐渐认识到治理性环保投入的重要性。其中，2008～2013 年总额合计约为 2532 亿元，前 6 年平均每年投入额约为 422 亿元。而 2014～2019 年总额合计约为 3704 亿元，后 6 年平均每年的投入额约为 617 亿元，且在 2018 年投入总额

约为 678.18 亿元,达到了 12 年的最高峰,这与 2018 年 1 月 10 日起施行的
《排污许可管理办法(试行)》有关。油气上市公司为避免大额罚款,加大
了对污染物的治理力度,从而增加了治理性环保投入。

样本油气上市公司 2008～2019 年预防性和治理性环保投入总额的平均
值、最大值和最小值见表 3-5。

表 3-5　　　　　油气上市公司预防性和治理性环保投入统计　　　　单位:万元

年份	预防性环保投资			治理性环保投资		
	平均值	最大值	最小值	平均值	最大值	最小值
2008	29583.8012	1292000	0	27325.7801	985600	0
2009	24047.6543	848500	0	49488.1222	1542600	0
2010	41136.1524	1561700	0	65902.2018	2115100	0
2011	28088.9723	833800	0	94332.3583	3241100	0
2012	42069.7279	1522600	0	118996.5953	4142800	0
2013	38542.885	1060300	0	121776.8307	4184700	0
2014	47029.9522	1462300	0	119841.0463	4043300	0
2015	39776.215	884200	0	114119.9712	3470600	0
2016	42034.3777	851500	0	102170.2519	2954500	0
2017	36834.196	1055000	0	112535.0406	3376900	0
2018	27000.7312	355444.2322	0	127959.0462	4069600	0
2019	78115.1069	1230200	0	121899.7534	4038900	0

资料来源:CSMAR 数据库并参考公司年报披露明细,经手工分类整理得出。

由表 3-5 可知,样本油气上市公司 2008～2019 年预防性和治理性环保
投入总额的平均值基本呈现递增的趋势,且治理性环保投入普遍大于预防性
环保投入,但从每年预防性和治理性环保投入最大值和最小值的变化上可以
发现,各企业之间的差距仍然比较大,这与前面的分析一致。

3.4　油气企业财务绩效现状分析

为了分析油气企业财务绩效现状,必须对油气企业财务绩效进行定量评

价，本节在介绍油气企业财务绩效评价指标体系构建原则的基础上，选取盈利能力状况、资产质量状况、债务风险状况、经营增长状况以及现金流状况代表财务能力指标，选取环境管理状况和风险管控状况作为代表油气行业的非财务能力指标，从 7 个维度构建体现油气企业行业特色的评价指标体系，阐述选择因子分析法的原因和分析的基本流程，对样本油气上市公司财务绩效进行定量评价，计算 2008 ~ 2019 年财务绩效的综合得分，为实证分析提供数据支撑。

3.4.1　财务绩效评价指标体系的构建原则

我国经济正在向"绿色发展"转型。"十三五"时期，"绿色"正式成为一种发展理念，人们更加关注绿色低碳、环境改善、资源利用效率和生态安全。在新的发展阶段，更加强调生态文明的制度建设和绿色生产生活方式的转型。因此，基于绿色环保理念构建的高污染油气企业财务绩效评价指标体系应遵循以下原则。

（1）全面性与实用性相结合原则。油气企业财务绩效评价指标体系的构建应遵循全面性与实用性相结合原则。全面性原则要求构建的指标应包括所有能够反映油气企业财务绩效的指标，既有财务指标，又有非财务指标，从而使评价指标体系具有完整性，可以保证评价结果有参考价值。但不应为追求全面性而造成指标体系冗杂，因此构建时还应当考虑实用性，即构建的指标体系可以获取真实的原始数据，使评价具有可操作性，最大限度降低数据误差，尽可能保证评价结果的有效性。

（2）科学性与目的性相结合原则。油气企业财务绩效评价指标体系的构建应遵循科学性与目的性相结合原则。科学性原则要求构建的指标体系应以坚实的理论为依据，采用科学的分析方法，保证评价的合理性。但指标体系的构建具有很强的目的性，因此，本书在确保指标选取科学性的同时，针对油气企业"高污染、高能耗、高排放"的行业特性，打破传统评价指标体系仅体现财务维度的固有局限性，将代表财务能力的指标与代表环境及风险管理能力的指标相结合，拓展评价指标体系的维度，实现对油气企业财务绩效的综合性评价。

（3）可比性与成本效益相结合原则。油气企业财务绩效评价指标体系的构建还应遵循可比性与成本效益性相结合原则。可比性原则要求构建的指标体系必须具有横向或纵向的可比性，可以保证评价结果的有效性，但同时也要考虑数据的获取和计算方面的实际情况，确保数据可比的同时符合成本效益原则。

3.4.2　油气企业财务绩效评价指标体系的构建思路与分析

3.4.2.1　油气企业财务绩效评价指标体系的构建思路

油气企业属于环境保护部制定的《上市公司环境信息披露指南》中的重污染行业，具有高排放、高污染、高能耗的特点。通过梳理国内外相关文献可知，目前还没有学者构建油气企业的财务绩效评价指标体系，因此，本书结合国资委制定的《中央企业综合绩效评价实施细则》，并参考学者们对企业财务绩效指标的选取，构建适合于油气企业自身特点的指标体系进行财务绩效评价。

《中央企业综合绩效评价实施细则》规定的企业综合绩效评价指标由22个财务绩效定量评价指标和8个管理绩效定性评价指标组成。其中，财务绩效定量评价指标由反映企业盈利能力状况、资产质量状况、债务风险状况和经营增长状况4个方面的8个基本指标和14个修正指标构成，用于综合评价企业财务会计报表所反映的经营绩效状况。企业管理绩效定性评价指标包括战略管理、发展创新、经营决策、风险控制、基础管理、人力资源、行业影响、社会贡献等8个方面的指标，主要反映企业在一定经营期间所采取的各项管理措施及其管理成效。

在环境保护大背景下，企业的经营业绩既包含传统的现金流价值，还应包含企业增长价值和环境收益价值。因此，财务绩效评价指标体系不仅要评价企业的经济效益，还要能够评价企业的环境效益和生态效益（高凤，2015）。但综合现有研究成果可知，学者们在实证研究中构建的企业财务绩效评价指标体系，选取的指标通常集中在企业盈利能力、偿债能力、营运能力和发展能力方面。也有学者提出在这"四大能力"基础之上将非财务类指标纳入财务绩效评价指标体系，如刘萍等（2020）从"四大能力"和环境状况五方面实现对化工行业财务绩效的评价。崔瑜（2018）从"四大能力"和环境效应五方面实现对新能源企业财务绩效的评价。可见，针对不同的研究对象学者们从不同维度构建财务绩效评价指标体系。因此，构建适合油气企业行业背景的评价指标体系，才能保证后续定量评价的针对性和科学性。

油气企业油气田的开发包括钻井、完井、采油（注水、注汽、注聚合物、注表面活性剂等）、井下作业（酸化、压裂、洗井、修井等）、油气集输（联合站原油脱水与污水处理、天然气预处理）等主要过程，每一过程均要产生类别不同的环境污染物。为实现可持续发展，油气企业必须重视环境管理，加快绿色转型，建设环保防控体系，推进产业结构优化升级，努力形成"低投入、低消耗、低排放、高效率"的发展模式。环境问题是所有企业所面临的共性问题，但对于油气企业来说，环境管理能力要求更高，将环境管理能力纳入财务绩效评价指标体系也符合可持续发展观。考虑到油气资源经营环境的不确定性，油气企业的风险控制能力对企业的经营发展起基础性作用，也是评价企业财务绩效的不可或缺性指标。

综上所述，本书针对油气企业特征，结合《中央企业综合绩效评价实施细则》，参考众多学者的观点，最终选取盈利能力状况、资产质量状况、债务风险状况、经营增长状况以及现金流状况代表财务能力的定量指标，选取环境管理状况以及风险管控状况代表非财务能力的定性指标，从 7 个维度构建了油气企业财务绩效评价指标体系，具体如表 3 - 6 所示。

表 3 - 6　　　　　　　油气企业财务绩效评价指标体系

一级指标	二级指标	符号	指标计算
盈利能力状况	总资产净利润率	Y_1	净利润/总资产余额
	资产报酬率	Y_2	（利润总额＋财务费用）/资产总额
	投入资本回报率	Y_3	（净利润＋财务费用）/（资产－流动负债＋应付票据＋短期借款＋一年内到期的非流动负债）

一级指标	二级指标	符号	指标计算
资产质量状况	总资产周转率	Y_4	营业收入/资产总额
	流动资产周转率	Y_5	营业收入/流动资产总额
债务风险状况	资产负债率	Y_6	负债总额/资产总额
	权益乘数	Y_7	资产总额/所有者权益总额
经营增长状况	总资产增长率	Y_8	（资产总额期末值 – 资产总额期初值）/资产总额期初值
	资本保值增值率	Y_9	所有者权益期末值/所有者权益期初值
	可持续增长率	Y_{10}	净资产收益率×收益留存率/（1 – 净资产收益率×收益留存率）
现金流状况	速动比率	Y_{11}	（流动资产 – 存货）/流动负债
	现金比率	Y_{12}	现金及现金等价物期末余额/流动负债
	经营现金负债总额比	Y_{13}	年经营活动现金净流量/负债总额
环境管理状况	HSE 管理体系	Y_{14}	建立，1；否，0
	环境管理体系认证	Y_{15}	通过，1；否，0
风险管控状况	内部控制指数	Y_{16}	迪博数据库内部控制综合指数
	财务杠杆	Y_{17}	（净利润 + 所得税费用 + 财务费用）/（净利润 + 所得税费用）

3.4.2.2 油气企业财务绩效评价指标分析

由表3－6可知，本书所构建的油气企业财务绩效评价指标体系包括7个一级指标，分别为盈利能力状况、资产质量状况、债务风险状况、经营增长状况、现金流状况、环境管理状况及风险管控状况。每个一级指标下又包括若干个二级指标，具体分析如下。

（1）盈利能力状况指标分析。盈利能力状况是指企业获取利润能力的大小。本书设置了总资产净利润率、资产报酬率以及投入资本回报率三个指标来分析油气企业盈利状况。

①总资产净利润率。总资产净利润率取自净利润与资产总额的比值，其代表企业利用资产能够获取的利润潜力。总投资净利润率越大，代表企业资

产的投入产出效率越高。

②资产报酬率。资产报酬率取自企业息税前利润与资产总额的比值，其代表企业总资产的获利能力。资产报酬率越高，说明企业资产的利用率越高。

③投入资本回报率。投入资本回报率取自净利润与财务费用之和与总资产扣减流动负债后与应付票据、短期借款及一年内到期的非流动负债之和的比率。投入资本回报率代表了企业资本的盈利能力。

（2）资产质量状况指标分析。资产质量状况是指企业资产的周转周期及运营能力，反映了企业盈利的速度。本书设置了总资产周转率和流动资产周转率两个指标来分析油气企业资产质量状况。

①总资产周转率。总资产周转率取自营业收入与资产总额的比值。总资产周转率越高，代表企业总资产的周转周期越短，即总资产的利用率越高。

②流动资产周转率。流动资产周转率取自营业收入与流动资产总额的比值。流动资产周转率越高，代表企业流动资产的周转周期越短，即流动资产的利用率越高。

（3）债务风险状况指标分析。债务风险状况是指企业抵抗财务风险的能力大小。本书设置了资产负债率和权益乘数两个指标来分析油气企业债务风险状况。

①资产负债率。资产负债率取自负债总额与资产总额的比值，其代表企业资产中负债所占比例，比例越高，代表企业债务越大，债务风险也就越高。

②权益乘数。权益乘数取自资产总额与所有者权益总额的比值。权益乘数代表了企业财务杠杆的大小，其越大，说明企业资产中股东投入越低，债务越高，财务杠杆越大。

（4）经营增长状况指标分析。经营增长状况是指企业的成长性，代表了企业未来的发展潜力。本书设置了总资产增长率、资本保值增值率和可持续增长率三个指标来分析油气企业经营增长状况。

①总资产增长率。总资产增长率取自资产总额当年增加值与期初值的比值。总资产增长率代表了企业当年总资产增长情况，其越大，代表企业资产

总额增长越快，发展势头越好。

②资本保值增值率。资本保值增值率取自所有者权益期末值与期初值的比值。其代表了所有者投入资本的增长情况，其越大，代表企业资本增长越快，也即股东权益增长速度越快。

③可持续增长率。可持续增长率取自净资产收益率和收益留存率的乘积与 1 和两者乘积之差的比值。可持续增长率代表了企业在当前经营和财务政策下的最大增长率，也是企业当下的内在增长能力。

（5）现金流状况指标分析。现金流状况代表了企业资金链强度。本书设置了速动比率、现金比率和经营现金负债总额比三个指标来分析油气企业现金流状况。

①速动比率。速动比率取自流动资产减去存货的差额与流动负债的比值。通常速动比率被看作是短期偿债能力的体现，本书将其作为现金流状况的代表指标是因为企业的短期偿债能力代表了企业的变现能力，反映了企业的资金链强度。通常企业的速动比率大于 2。

②现金比率。现金比率取自现金及现金等价物期末余额与流动负债的比值。如同速动比率，现金比率更能体现企业现金流能力。通常企业的现金比率大于 1。

③经营现金负债总额比。经营现金负债总额比取自年经营活动现金净流量与负债总额的比值。通常在企业的经营现金负债总额比大于 0.25 时，企业所具有的现金流才具有抵抗财务风险的能力。

（6）环境管理状况指标分析。综合国内外已有研究，衡量企业环境管理能力主要从 HSE 管理体系和环境管理体系认证两个方面入手。

①HSE 管理体系。HSE 管理体系是集健康、安全和环境于一体的综合管理体系，是当前国内外石油化工行业公认的综合管理模式。随着管理方式的不断改进，部分企业将公共安全纳入该体系，建立 HSSE 管理体系，也有企业将质量归入该体系，建立 QHSE 管理体系。当前，HSE 管理体系已成为油气行业环境管理能力的代表性指标。本书在建立油气企业财务绩效评价体系时，若企业建立 HSE 管理体系，则赋值 1；反之，则赋值 0。

②环境管理体系认证。1996 年国际标准化组织（ISO）借鉴了 ISO9000

质量管理体系，制定并发布了 ISO14001 环境管理体系标准。1997 年，我国将 ISO14001 转化为 GB/T 24000 – ISO1001，后者成为我国环境管理体系的国家标准，我国企业随之积极参与环境管理体系认证。截至 2016 年，我国已有超 13 万家企业通过环境管理体系认证（张兆国、张弛、曹丹婷，2019）。该认证能够督促油气企业减少污染物排放，提高废物利用率。企业是否通过环境管理体系认证也能够代表企业在环境管理方面的能力。本书在建立油气企业财务绩效评价体系时，若企业通过环境管理体系认证，则赋值 1；反之，则赋值 0。

（7）风险管控状况指标分析。

①内部控制指数。内部控制指数是结合国内上市公司实施内部控制体系的现状，基于内部控制合规、报告、资产安全、经营、战略五大目标的实现程度设计内部控制基本指数，同时将内部控制缺陷作为修正变量对内部控制基本指数进行修正，最终形成综合反映上市公司内控水平和风险管控能力的内部控制指数。本书内部控制指数取自迪博数据库内部控制综合指数。

②财务杠杆。财务杠杆取自净利润、所得税费用和财务费用之和与净利润和所得税费用之和的比值，财务杠杆过大，则说明企业有较大的财务风险；若财务杠杆过小，则企业对负债的利用率过低，影响财务杠杆利益。

3.4.3　油气企业财务绩效评价方法

3.4.3.1　选择因子分析法的原因

国内外学者们对企业财务绩效进行评价的常用方法有：层次分析法、模糊综合评价法、数据包络法、熵权法和因子分析法。层次分析法、模糊综合评价法和熵权法的共同点是应用数学原理确定权重，但权重需要聘请专家赋值，主观性过强。数据包络法是一种相对评价，一旦样本各项指标的差异性不大或者不能代表总体，则评价结果会出现较大偏差。而因子分析法的优点在于，各评价指标权重的确定不需要专家赋值，而取决于各评价指标（因子）的方差贡献率。因子的方差贡献率越大代表该因子越重要，即该因子的权重越大。相反，因子的方差贡献率小则代表该因子越不重要，即该因子的权重越小。因子分析法最大限度地规避了专家权重赋值的主观性，保证了评价结果的真实性和客观性，同时，能够将大量数据简化为几个公因子，构造一个综合性指标，该综合性指标不仅简化了数据，而且融合了所选取的所有数据特征，保证了数据的完整性。因此，本书选择因子分析法对油气企业绩效进行评价。

3.4.3.2 因子分析法的基本原理

因子分析是通过降维的方式，根据相关性高低将一系列原始变量转化为几组不相关的综合指标的过程，即在原始变量群中提取公共因子。通过因子分析可以将本质相同的变量提取至同一因子，通过几个因子以反映原始变量的绝大多数信息。

3.4.3.3 因子分析法的基本流程

因子分析法主要包括以下四个步骤。

（1）KMO 和 Bartlett 检验。Kaiser-Meyer-Olkin 检验值代表了变量间相关性和偏相关性，取值在 0 和 1 之间。KMO 检验值越接近 1，则原始变量间的相关性越强，其越适合做因子分析；反之，则不适合。通常情况下，当 KMO 检验值大于 0.6 时，则认为适合因子分析；当 KMO 检验值小于 0.6 时，则不适合。

Bartlett 的球形度检验是以变量的相关系数矩阵为基础检验变量间相关性的检验方法。通常，Sig. 值小于 0.05 时，则拒绝零假设，认为变量间具有相关性，适合进行因子分析。

（2）提取公因子。通过主成分分析法提取特征值大于 1 的公因子作为财务绩效评价体系的组成指标。

（3）因子命名。根据提取公因子在各原始变量上的载荷参照原始变量特征为所提取公因子命名。

（4）构建得分函数。根据各因子得分矩阵和方差贡献率分别构建各因子的得分函数和财务绩效的综合得分函数。

3.4.4　油气企业财务绩效计算过程

3.4.4.1　KMO 检验和 Bartlett 球形检验

构建油气企业财务绩效评价体系首先需对 17 个二级指标进行降维，对因子分析进行适合性检验。KMO 和 Bartlett 检验结果见表 3 - 7，KMO 值为 0.664，大于 0.6，表明适合因子分析。Bartlett 的球形度检验近似卡方值为 10125.404，Sig. 值为 0.000，通过显著性检验。因此，本书选取的 17 个财务绩效评价指标适合因子分析。

表 3 - 7　　　　　　　　　　KMO 和 Bartlett 检验

Kaiser-Meyer-Olkin 检验值	Bartlett 的球形度检验	
	近似卡方	10125.404
0.664	df	136
	Sig.	0.000

3.4.4.2　因子提取

提取公因子时，公因子方差值可以衡量所提取的公因子对原始指标的解释度。油气企业财务绩效评价的公因子采用主成分分析法提取。提取的公因子方差数据见表 3 - 8。表 3 - 8 中提取值代表各变量的共同度。由表 3 - 8 可知，所提取的各个公因子被解释度几乎都超过 60%，说明通过因子分析所提取的公因子能够代表原始指标的信息。

表 3 - 8　　　　　　　　　　公因子方差

变量	初始	提取
Y_1	1.000	0.966
Y_2	1.000	0.946
Y_3	1.000	0.966
Y_4	1.000	0.888

续表

变量	初始	提取
Y_5	1.000	0.849
Y_6	1.000	0.874
Y_7	1.000	0.856
Y_8	1.000	0.818
Y_9	1.000	0.795
Y_{10}	1.000	0.847
Y_{11}	1.000	0.973
Y_{12}	1.000	0.920
Y_{13}	1.000	0.806
Y_{14}	1.000	0.595
Y_{15}	1.000	0.629
Y_{16}	1.000	0.577
Y_{17}	1.000	0.415

因子解释的总方差见表 3-9，从初始特征值即可以看出，提取特征值大于 1 的 6 个因子，其累计方差贡献率达到了 78.362%。根据武松和潘发明（2017）的研究成果，当 K 个主成分的累计贡献率达到 70% 以上时可以提取前 K 个主成分。因此，提取的前 6 个公因子是适合的，具有较好的解释度，该 6 个公因子能够较好地反映原始指标信息。

表 3-9　　　　　　　　　　　解释的总方差

成分	初始特征值			提取平方和载入			旋转平方和载入		
	合计	方差的（%）	累积（%）	合计	方差的（%）	累积（%）	合计	方差的（%）	累积（%）
1	4.296	25.269	25.269	4.296	25.269	25.269	3.993	23.490	23.490
2	2.863	16.842	42.111	2.863	16.842	42.111	2.590	15.234	38.724
3	2.154	12.672	54.783	2.154	12.672	54.783	1.976	11.626	50.350
4	1.500	8.825	63.608	1.500	8.825	63.608	1.829	10.760	61.110
5	1.394	8.201	71.809	1.394	8.201	71.809	1.654	9.732	70.842

续表

成分	初始特征值			提取平方和载入			旋转平方和载入		
	合计	方差的（%）	累积（%）	合计	方差的（%）	累积（%）	合计	方差的（%）	累积（%）
6	1.114	6.553	78.362	1.114	6.553	78.362	1.279	7.521	78.362
7	0.914	5.374	83.736						
8	0.800	4.703	88.439						
9	0.671	3.949	92.388						
10	0.382	2.249	94.638						
11	0.353	2.079	96.716						
12	0.209	1.231	97.948						
13	0.163	0.960	98.908						
14	0.136	0.801	99.709						
15	0.022	0.129	99.838						
16	0.017	0.099	99.937						
17	0.011	0.063	100.000						

　　碎石图如图 3.8 所示，横轴表示因子序号，纵轴表示特征值。各个因子按照特征值的大小进行排序，可以反映每个主成分因子对原始变量的解释程度。

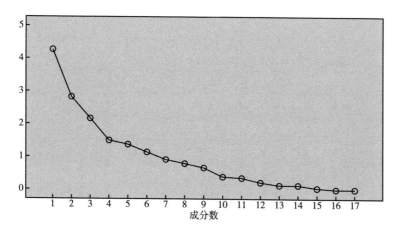

图 3.8　碎石图

通过图 3.8 也可看出，提取的 6 个公因子特征值均大于 1，对原始变量的影响较大，其余因子特征值均小于 1，对原始变量的影响可忽略不计。

3.4.4.3　因子命名

因子载荷矩阵可以更清晰地展现每个因子对原始指标的解释程度，因此，运用最大方差正交旋转法进行正交旋转提取旋转后的 6 个主成分，用 F_1、F_2、F_3、F_4、F_5、F_6 分别表示第 1 至第 6 个主成分，旋转后的成分矩阵结果如表 3 - 10 所示。

表 3 - 10　　　　　　　　　旋转成分矩阵

变量	成分					
	F_1	F_2	F_3	F_4	F_5	F_6
Y_1	0.959	− 0.002	− 0.214	0.015	0.015	− 0.028
Y_2	0.968	− 0.018	− 0.085	0.016	0.017	− 0.038
Y_3	0.979	− 0.028	− 0.047	− 0.037	0.033	− 0.027
Y_4	− 0.071	0.133	0.080	0.925	− 0.057	0.030
Y_5	− 0.057	− 0.003	− 0.148	0.891	− 0.100	0.144
Y_6	− 0.119	− 0.120	0.886	− 0.195	0.148	0.012
Y_7	− 0.225	− 0.026	0.880	0.128	0.097	− 0.075
Y_8	0.103	− 0.026	0.096	− 0.122	0.885	− 0.014
Y_9	0.098	0.001	− 0.094	− 0.029	0.880	− 0.036
Y_{10}	0.138	− 0.014	0.020	− 0.131	0.898	− 0.059
Y_{11}	0.012	0.969	− 0.126	0.130	− 0.031	− 0.026
Y_{12}	0.026	0.928	− 0.189	0.141	− 0.036	− 0.048
Y_{13}	0.087	− 0.867	− 0.180	0.114	− 0.032	0.002
Y_{14}	0.027	− 0.065	− 0.084	0.199	− 0.019	0.737
Y_{15}	− 0.019	0.005	− 0.007	− 0.028	− 0.032	0.791
Y_{16}	0.518	0.000	− 0.169	− 0.038	0.102	0.261
Y_{17}	− 0.027	0.007	0.442	− 0.012	− 0.130	− 0.041

注：提取方法：主成分分析。
旋转法：具有 Kaiser 标准化的全体旋转法。

通过观察表3-10旋转成分矩阵可以发现，公因子1在Y_1总资产净利润率、Y_2资产报酬率、Y_3投入资本回报率和Y_{16}内部控制指数上有较高的载荷，说明公因子1代表了企业盈利状况方面的信息，可以命名为盈利因子，用F_1表示，代表风险管控状况的内部控制指数也与企业盈利能力息息相关，提取至F_1；公因子2在Y_{11}速动比率、Y_{12}现金比率和Y_{13}经营现金负债总额比上有较高的载荷，说明公因子2代表了企业现金流状况方面的信息，可以命名为现金流因子，用F_2表示；公因子3在Y_6资产负债率、Y_7权益乘数和Y_{17}财务杠杆上有较高的载荷，说明公因子3代表了企业债务风险状况方面的信息，可以命名为债务风险因子，用F_3表示，代表风险管控状况的财务杠杆也与企业债务风险能力相关，提取至F_3；公因子4在Y_4总资产周转率和Y_5流动资产周转率上有较高的载荷，说明公因子4代表了企业资产质量状况方面的信息，可以命名为资产质量因子，用F_4表示；公因子5在Y_8总资产增长率、Y_9资产保值增值率和Y_{10}可持续增长率上有较高的载荷，说明公因子5代表了企业经营增长状况方面的信息，可以命名为经营增长因子，用F_5表示；公因子6在Y_{14}HSE管理体系和Y_{15}环境管理体系认证上有较高的载荷，说明公因子6代表了企业环境管理状况方面的信息，可以命名为环境管理因子，用F_6表示。

3.4.4.4 构建油气企业财务绩效公因子及综合得分函数

油气企业财务绩效主成分得分系数矩阵如表3-11所示。

表3-11　　　　　　　　成分得分系数矩阵

变量	成分					
	F_1	F_2	F_3	F_4	F_5	F_6
Y_1	0.244	0.000	-0.012	0.039	-0.041	-0.033
Y_2	0.262	0.000	0.061	0.049	-0.049	-0.034
Y_3	0.266	0.002	0.080	0.020	-0.047	-0.016
Y_4	0.031	0.000	0.099	0.540	0.052	-0.069
Y_5	0.008	-0.058	-0.028	0.500	0.037	0.005
Y_6	0.051	0.012	0.469	-0.055	0.023	0.089

变量	成分					
	F_1	F_2	F_3	F_4	F_5	F_6
Y_7	0.038	0.022	0.473	0.133	0.028	-0.015
Y_8	-0.026	0.005	-0.003	0.024	0.547	0.019
Y_9	-0.046	-0.001	-0.108	0.070	0.567	-0.022
Y_{10}	0.012	0.014	0.096	-0.023	0.240	-0.025
Y_{11}	0.010	0.373	-0.011	0.012	0.003	0.008
Y_{12}	0.006	0.351	-0.049	0.020	0.004	-0.019
Y_{13}	-0.003	-0.364	-0.132	0.114	-0.005	-0.071
Y_{14}	0.010	-0.002	0.016	0.034	0.019	0.573
Y_{15}	0.000	0.046	0.051	-0.112	-0.013	0.652
Y_{16}	0.119	0.015	-0.027	-0.032	0.041	0.211
Y_{17}	0.053	0.025	0.257	0.006	-0.115	-0.002

注：提取方法：主成分分析法。

旋转法：具有 Kaiser 标准化的正交旋转法。

根据表 3-11 的因子得分系数矩阵，可以计算油气企业财务绩效 6 个公因子的得分，构建的 6 个公因子得分函数如下：

$$F_1 = 0.244Y_1 + 0.262Y_2 + 0.266Y_3 + 0.031Y_4 + 0.008Y_5 + 0.051Y_6 + 0.038Y_7 - 0.026Y_8 - 0.046Y_9 + 0.012Y_{10} + 0.010Y_{11} + 0.006Y_{12} - 0.003Y_{13} + 0.010Y_{14} + 0.000Y_{15} + 0.119Y_{16} + 0.053Y_{17} \quad (3-1)$$

$$F_2 = 0.000Y_1 + 0.000Y_2 + 0.002Y_3 + 0.000Y_4 - 0.058Y_5 + 0.012Y_6 + 0.022Y_7 + 0.005Y_8 - 0.001Y_9 + 0.014Y_{10} + 0.373Y_{11} + 0.351Y_{12} - 0.364Y_{13} - 0.002Y_{14} + 0.046Y_{15} + 0.015Y_{16} + 0.025Y_{17} \quad (3-2)$$

$$F_3 = -0.012Y_1 + 0.061Y_2 + 0.080Y_3 + 0.099Y_4 - 0.028Y_5 + 0.469Y_6 + 0.473Y_7 - 0.003Y_8 - 0.108Y_9 + 0.096Y_{10} - 0.011Y_{11} - 0.049Y_{12} - 0.132Y_{13} + 0.016Y_{14} + 0.051Y_{15} - 0.027Y_{16} + 0.257Y_{17} \quad (3-3)$$

$$F_4 = 0.039Y_1 + 0.049Y_2 + 0.020Y_3 + 0.540Y_4 + 0.500Y_5 - 0.055Y_6 + 0.133Y_7 + 0.024Y_8 + 0.070Y_9 - 0.023Y_{10} + 0.012Y_{11} + 0.020Y_{12} + 0.114Y_{13} + 0.034Y_{14} - 0.112Y_{15} - 0.032Y_{16} + 0.006Y_{17} \quad (3-4)$$

$$F_5 = -0.041Y_1 - 0.049Y_2 - 0.047Y_3 + 0.052Y_4 + 0.037Y_5 + 0.023Y_6 +$$
$$0.028Y_7 + 0.547Y_8 + 0.567Y_9 + 0.240Y_{10} + 0.003Y_{11} + 0.004Y_{12} -$$
$$0.005Y_{13} + 0.019Y_{14} - 0.013Y_{15} + 0.041Y_{16} - 0.115Y_{17} \qquad (3-5)$$

$$F_6 = -0.033Y_1 - 0.034Y_2 - 0.016Y_3 - 0.069Y_4 + 0.005Y_5 + 0.089Y_6 +$$
$$0.015Y_7 + 0.019Y_8 - 0.022Y_9 - 0.025Y_{10} + 0.008Y_{11} - 0.019Y_{12} -$$
$$0.071Y_{13} + 0.573Y_{14} + 0.652Y_{15} + 0.211Y_{16} - 0.002Y_{17} \qquad (3-6)$$

最后，以6个因子方差贡献率的比重作为权重，经过加权汇总构建油气企业财务绩效的综合得分函数为：

$$F = (23.490\ F_1 + 15.234\ F_2 + 11.626\ F_3 + 10.760F_4 +$$
$$9.732\ F_5 + 7.521\ F_6)/78.362 \qquad (3-7)$$

3.4.5　油气企业财务绩效综合得分及分析

依据油气企业财务绩效因子得分函数［式（3-1）至式（3-6）］，计算2008～2019年53家样本油气上市公司财务绩效因子得分；依据油气企业财务绩效综合得分函数［式（3-7）］，将主因子得分与各因子的权重相乘，最终计算出2008～2019年样本油气上市公司财务绩效综合得分，计算结果参见附录2。油气企业总样本共计636个观测量，由于个别企业个别年份数据缺失观测量，导致个别企业个别年份评价结果缺失，最终计算得出625个数据，缺失率为1.73%，缺失率较低，属于正常现象，在后续实证分析时根据模型需要予以适当调整。下面以2019年样本油气上市公司财务绩效综合得分及因子得分为例做横向对比分析，以附录2中2008～2019年中国石油、中国石化、中海油服的财务绩效综合得分及因子得分为例做纵向趋势分析。

3.4.5.1　油气企业财务绩效的横向对比分析

2019年样本油气企业中有三家企业评价结果缺失，包括海航投资（000616）、美都能源（600175）和洲际油气（600759），其余样本油气企业财务绩效综合得分及因子得分排序见表3-12。

表 3 – 12　　　　2019 年油气企业财务绩效综合得分及因子得分排序

公司代码	总分 F	排名	F₁	排名	F₂	排名	F₃	排名	F₄	排名	F₅	排名	F₆	排名
002221	0.6788	1	0.54	4	0.16	2	0.99	6	0.05	12	-0.13	19	3.63	1
600822	0.4004	2	0.48	6	-0.24	43	0.29	15	2.52	1	-0.20	26	-0.64	44
600744	0.3274	3	-0.15	30	0.06	9	3.03	1	-0.08	15	-0.44	42	-0.27	21
600803	0.3245	4	0.73	1	-0.05	22	0.38	14	-0.17	21	-0.27	29	1.23	7
600028	0.3239	5	0.35	9	-0.24	44	-0.14	25	1.09	5	-0.01	12	1.42	5
000637	0.2652	6	0.69	2	0.07	7	-0.55	38	1.27	4	0.11	7	-0.64	42
000039	0.2219	7	-0.42	38	0.13	3	0.89	7	-0.78	49	-0.19	23	3.33	3
601808	0.2218	8	0.04	16	0.06	10	0.11	18	-0.77	48	-0.36	37	3.47	2
000540	0.1789	9	-0.09	23	0.02	13	2.01	2	-0.60	41	0.05	10	-0.19	16
000985	0.1786	10	0.24	11	-0.35	49	-1.14	46	1.92	3	-0.02	14	0.86	12
600323	0.1722	11	0.45	7	-0.06	24	0.61	12	-0.37	33	0.28	3	-0.25	20
600688	0.1608	12	0.16	14	-0.08	28	-0.56	39	0.48	8	-0.37	38	2.00	4
000852	0.0827	13	-0.32	34	0.09	4	1.57	3	-0.36	32	-0.09	16	-0.15	13
000723	0.0729	14	0.64	3	-0.15	37	0.11	19	-0.11	17	-0.25	28	-0.63	41
600461	0.0695	15	0.38	8	-0.08	31	0.06	22	-0.31	28	0.34	2	-0.39	32
601857	0.0463	16	-0.11	24	-0.30	48	-0.33	32	0.56	6	-0.04	15	1.21	8
600378	0.0079	17	0.35	10	-0.02	15	-0.86	42	-0.27	24	-0.18	22	0.98	10
600157	-0.0104	18	-0.22	33	-0.05	21	1.45	4	-0.29	26	-0.61	48	-0.34	27
600997	-0.0239	19	0.50	5	-0.08	30	-0.30	30	-0.17	20	-0.43	41	-0.38	31
600777	-0.0583	20	-0.03	22	-0.26	46	-0.46	34	-0.14	18	-0.02	13	0.96	11
000027	-0.0701	21	-0.14	28	-0.04	17	0.50	13	-0.57	39	0.11	6	-0.33	25
600642	-0.0840	22	0.16	13	-0.08	29	-0.45	33	-0.22	22	0.00	11	-0.22	17
002267	-0.0882	23	0.08	15	-0.30	47	-0.26	29	0.46	9	-0.29	30	-0.46	34
000543	-0.1065	24	-0.03	21	-0.20	42	-0.47	36	0.13	10	0.22	5	-0.34	28
600635	-0.1178	25	0.00	19	-0.03	16	0.18	17	-0.64	45	-0.24	27	-0.22	18
000421	-0.1237	26	-0.35	35	0.07	6	0.78	9	-0.70	46	-0.20	25	-0.28	22
000407	-0.1238	27	-0.02	20	-0.15	36	0.09	20	-0.05	14	-0.35	36	-0.56	40

公司代码	总分 F	排名	F_1	排名	F_2	排名	F_3	排名	F_4	排名	F_5	排名	F_6	排名
600098	−0.1303	28	−0.12	25	−0.09	32	−0.13	24	−0.09	16	−0.13	18	−0.29	23
000593	−0.1460	29	−0.14	29	−0.07	26	−0.15	26	−0.35	30	0.10	8	−0.32	24
600969	−0.1513	30	−0.47	41	0.06	11	0.80	8	−0.62	42	−0.30	33	−0.17	15
601872	−0.1661	31	−0.14	27	−0.05	19	−0.13	23	−0.52	38	0.08	9	−0.37	30
000819	−0.1669	32	0.18	12	0.05	12	−1.38	49	0.51	7	−0.14	20	−0.79	47
000883	−0.1727	33	−0.13	26	−0.16	38	−0.48	37	−0.25	23	0.27	4	−0.33	26
600739	−0.1848	34	0.01	18	−0.07	25	−0.46	35	−0.35	31	−0.19	24	−0.36	29
600333	−0.2003	35	−0.45	40	−0.05	20	0.63	11	−0.43	34	−0.55	45	−0.22	19
002053	−0.2200	36	−0.20	31	0.06	8	−0.61	40	−0.60	40	0.37	1	−0.48	35
000683	−0.2223	37	0.03	17	−0.11	34	−0.19	28	−0.52	36	−0.48	43	−0.55	39
000096	−0.2495	38	−0.22	32	1.11	1	−1.91	50	−0.29	25	−0.13	17	−0.64	43
000554	−0.2708	39	−0.79	44	−0.42	50	−0.92	43	1.94	2	−0.16	21	−0.65	45
600256	−0.2846	40	−0.35	36	−0.16	39	0.78	10	−0.32	29	−0.70	49	−1.37	50
000612	−0.4008	41	−0.51	42	−0.25	45	−0.63	41	0.05	11	−0.53	44	−0.51	38
600979	−0.4012	42	−0.57	43	−0.10	33	0.08	21	−0.44	35	−0.38	39	−1.21	48
600172	−0.4225	43	−0.86	45	−0.04	18	1.26	5	−0.52	37	−1.14	50	−1.35	49
600101	−0.4351	44	−0.38	37	−0.17	40	−1.11	45	−0.30	27	−0.29	31	−0.50	37
600509	−0.4634	45	−1.12	48	−0.08	27	0.19	16	−0.63	43	−0.32	35	−0.15	14
000731	−0.4728	46	−0.44	39	−0.12	35	−1.19	48	−0.15	19	−0.60	47	−0.49	36
000040	−0.5763	47	−1.53	49	−0.06	23	−0.19	27	−0.76	47	−0.58	46	1.01	9
600583	−0.6328	48	−1.01	47	−0.01	14	−1.08	44	−0.64	44	−0.29	32	−0.45	33
000159	−0.6675	49	−0.93	46	0.08	5	−1.16	47	−0.84	50	−0.43	40	−0.67	46
000698	−0.7504	50	−2.53	50	−0.20	41	−0.31	31	0.03	13	−0.31	34	1.35	6

根据表 3 - 12，对 2019 年样本油气企业财务绩效分析如下。

总体而言，2019 年 50 家有效样本油气企业财务绩效综合得分中有 17 家为正，33 家为负，其中，最大值仅为 0.6788，说明财务绩效整体偏低。综合得分排名前 10 的依次为东华能源、上海物贸、华银电力、新奥股份、中国石化、茂化实华、中集集团、中海油服、中天金融和大庆华科。其中，盈利状况因子 F_1 得分排名前三的依次是新奥股份、茂化实华和美锦能源，而美锦能源财务绩效综合得分排名为第 14；现金流状况因子 F_2 得分排名前三的依次是广聚能源、东华能源和中集集团，而广聚能源财务绩效综合得分排名第 38；债务风险状况因子 F_3 得分排名前三的依次是华银电力、中天金融和石化机械，而石化机械财务绩效综合得分排名为第 13；资产质量状况因子 F_4 得分排名前三的依次是上海物贸、泰山石油和大庆华科，而泰山石油财务绩效综合得分排名第 39；经营增长状况因子 F_5 得分排名前三的依次是云南能投、洪城水业和瀚蓝环境，但这三家公司财务绩效综合得分排名依次是第 36 名、第 15 名和第 11 名，都未能进入前十；环境管理状况因子得分排名前三的依次是东华能源、中海油服和中集集团，其财务绩效综合得分排名均进入前十。

盈利状况因子 F_1 的权重为 23.490%，是各因子中比重最高的，所以油气企业要提升财务绩效应尤其注意其盈利状况。2019 年油气企业财务绩效的盈利状况因子得分前十中，有 5 家进入了财务绩效综合得分的前十。这表明盈利状况对油气企业财务绩效的影响较大。由表可以看出，盈利能力因子得分大于 0 的油气企业有 17 家，仅占样本总数的 1/3，没有一家的得分超过 1，排名第一的新奥股份仅得分 0.73，可见油气企业盈利状况不佳，有较大的提升空间。

现金流状况因子 F_2 的权重为 15.234%，排名第二。2019 年，油气企业财务绩效的现金流状况因子得分前十中有 5 家进入了财务绩效综合得分的前 10 位，这表明现金流对油气企业财务绩效的影响也较大。由表可以看出，现金流状况因子得分大于 0 的油气企业仅 13 家，仅占样本总数的 1/4，超过 1 的仅 1 家，排名第一的广聚能源得分 1.11，可见，有 40 家得分为负，说明油气企业现金流状况不容乐观，应多关注资金链问题，最大限度地规避破产风险。

债务风险状况因子 F_3 的权重为 11.626%，排名第三。2019 年，油气企业财务绩效的债务风险状况因子得分前十中有 4 家进入了财务绩效综合得分的前十，这表明债务风险对油气企业财务绩效的影响居中。由表可以看出，债务风险状况因子得分大于 0 的油气企业有 22 家，得分超过 1 的有 5 家，排名第一的华银电力得分 3.03，说明大部分油气企业债务风险较高，应多关注偿债能力提升。

资产质量状况因子 F_4 的权重为 10.760%，排名第四。2019 年，油气企业财务绩效的资产质量状况因子得分前十中有三家进入了财务绩效综合得分的前十。这表明资产质量对油气企业财务绩效的影响相对较弱。由表可以看出，资产质量状况因子得分大于 0 的油气企业有 13 家，得分超过 1 的有 5 家，排名第一的上海物贸得分 2.52，说明大部分油气企业资产质量状况有待进一步提高。

经营增长状况因子 F_5 的权重为 9.732%，排名第五。2019 年，油气企业财务绩效的经营增长状况因子得分前十中有两家进入了财务绩效综合得分的前十，这表明经营增长对油气企业财务绩效的影响最弱。由表可以看出，经营增长状况因子得分大于 0 的油气企业仅有 10 家，排名第一的云南盐化得分仅为 0.37，说明油气企业当前经营增长状况不佳。

环境管理状况因子 F_6 的权重为 7.521%，排名第六。2019 年，油气企业财务绩效的环境管理状况因子得分前十中有 5 家进入了财务绩效综合得分的前十，这表明环境管理状况因子权重最低，但其对油气企业财务绩效综合得分的影响与盈利状况和现金流状况地位相同。由表可以看出，环境管理状况因子得分大于 0 的油气企业有 12 家，得分超过 1 的有 9 家，排名第一的是东华能源得分 3.63，说明油气企业当前对环境管理的重视程度逐步增强，对企业财务绩效的影响越来越大，但还有很大的提升空间。

3.4.5.2　油气企业财务绩效纵向趋势分析

中国石油、中国石化、中海油服 2008～2019 年财务绩效综合得分及因子得分情况如图 3.9 至图 3.11 所示。

由图 3.9 可知，中国石油 2008～2019 年财务绩效综合得分整体趋势向下，在 2015 年度大幅度下降，2016 年之后略有上升，但财务绩效整体水平较 2008～2014 年仍偏低。就 6 个因子而言：盈利因子不断下降，说明中国石油的盈利能力处于下滑趋势；现金流因子呈小幅度稳步上升状态，说明中

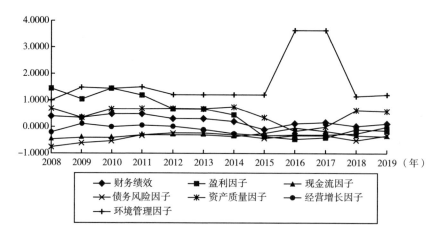

图 3.9　中国石油 2008~2019 年财务绩效趋势

国石油的现金流能力近年来不断提升，这与国家的一系列财政补贴政策有关；债务风险因子虽个别年份有小幅度下降，但总体呈平稳略有上升趋势，说明中国石油的债务风险抵抗能力近年来逐步提升；资产质量因子在 2015 和 2016 年大幅下降，随之回转，恢复至原有水平；经营增长因子在 2008~2019 年平稳运行，说明中国石油的经营增长能力变化不大；环境管理因子在 2015~2017 年大幅度上升，随后逐渐回转，这可能是因为 2015 年修订后的《环境保护法》的实施督促各企业重视和提升了环境管理能力。

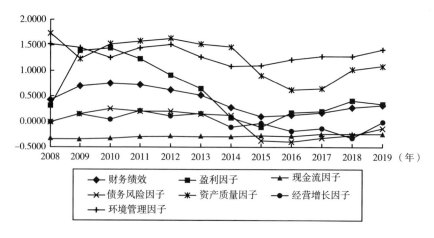

图 3.10　中国石化 2008~2019 年财务绩效趋势

由图 3.10 可知，中国石化财务绩效整体 2008～2011 年呈上升趋势，2011～2015 年呈下降趋势，2015 年下降至最低点，随后呈上升趋势。就 6 个因子而言：盈利因子在 2010 年达到最高点后开始下降，2015 年下降至最低值，2016 年之后波段式上升，说明中国石化的盈利能力经历过一段时间的下滑，近年来呈上升趋势；现金流因子处于平稳状态，说明中国石化的现金流能力变化不大；债务风险因子在 2015 年断崖式下滑，随后稳步上升，至 2019 年基本恢复至原有水平；资产质量因子同样在 2015 和 2016 年大幅下降，随之回转，稳步上升；经营增长因子在 2008～2019 年间呈上下波动变化，但变化幅度较小，说明中国石化的经营增长能力并无大幅度变动；环境管理因子在 2008～2014 年同样呈波动变化，自 2015 年后呈稳步上升趋势，这说明 2015 年修订后的《环境保护法》的实施同样对中国石化产生了正向的促进作用。

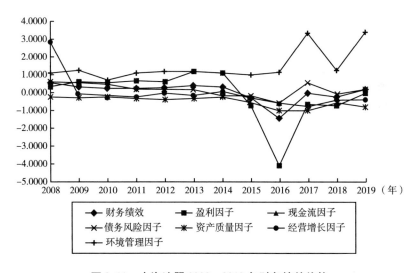

图 3.11　中海油服 2008～2019 年财务绩效趋势

由图 3.11 可知，中海油服财务绩效除自 2015～2016 年呈断崖式下跌后，其他年份财务绩效呈平稳变化趋势，说明中海油服财务绩效较为平稳。就 6 个因子而言：盈利因子在 2016 年达到最低值，与财务绩效变化趋势基本一致；现金流因子处于平稳状态，说明中海油服的现金流能力变化不大；债务风险因子在 2017 年达到最大值，其余年份较为平稳；资产质量因子除在 2015 和 2016 年有小幅度下降外，其余年份变化不大；经营增长因子在

2008 年出现最大值，在 2009 年下降后的 10 年间变化幅度较小，说明中海油服的经营增长能力近 10 年来并无大幅度变动；环境管理因子在 2017 ~ 2019 年分别达到两次峰值，其余年份变化并不明显，《环境保护法》对中海油服的影响更加明显。

综上所述，通过对样本油气企业 2008 ~ 2019 年财务绩效的实证评价和分析可以看出，油气企业财务绩效受盈利能力、现金流、债务风险、资产质量、经营增长和环境管理的共同影响，是 6 个公共因子共同作用的结果，其中，盈利状况的影响最大，其次是现金流状况和环境管理状况。因此，油气企业财务绩效的提升，既要重点关注企业的盈利状况、现金流状况和环境管理状况，但同时还应该对影响财务绩效的各因子进行整体优化，达到提高财务绩效的目的。

3.5 本章小结

本章在界定油气企业和数据来源的基础上对样本油气上市公司 2008 ~ 2019 年政府补助、企业环保投入和财务绩效进行了现状分析，研究发现：样本油气上市公司政府补助总额整体呈现上升趋势，环保型政府补助总额占政府补助总额的比例较低，说明政府对样本油气上市公司补助以非环保型为主，环保型政府补助的强度整体较弱，但从平均值、最大值和最小值的情况可以看出，环保型和非环保型政府补助在不同年份的不同企业之间差距比较大，分布不均衡；样本油气上市公司的环保投入总额整体呈现递增趋势，预防性环保投入总额仅占环保投入总额的 28.73%，说明油气上市公司主要以治理性环保投入为主，预防性投入处于较低水平，但从每年预防性和治理性环保投入最大值和最小值的变化上可以发现各企业之间的差距仍然比较大；样本油气上市公司财务绩效整体偏低且趋势向下，受盈利状况、现金流状况、债务风险状况、资产质量状况、经营增长状况和环境管理状况的共同影响，是 6 个公共因子共同作用的结果，其中，盈利状况的影响最大，其次是现金流状况和环境管理状况。

政府补助与企业环保投入对油气企业财务绩效影响的研究假设与实证设计

在剖析油气企业政府补助、环保投入和财务绩效现状的基础上，本章从三个层面提出研究假设，构建政府补助与企业环保投入对油气企业财务绩效影响的机理模型；从被解释变量、解释变量、中介变量和控制变量四方面对实证变量进行界定和测度，基于研究假设、机理模型、变量界定和测度为下一章的实证分析构建中介效应模型。

4.1 政府补助对油气企业财务绩效影响的研究假设

通过文献综述可知，国内外学者对政府补助与企业财务绩效之间关系的研究成果较为丰富，虽然观点不尽相同，但大多数学者认为政府补助能够促进企业财务绩效。有学者从生产力、获利能力、资本结构和发展能力四个方面对政府补助与企业财务绩效的关系进行了研究，发现政府补助有利于提高企业的财务绩效（Tzelepis，2004）。刘靖宇等（2016）认为政府剩余侵占能力越弱或上市公司剩余侵占能力越强时，政府补助对上市公司财务绩效的正向促进作用越显著。黄芝茗（2017）认为政府补助与企业价值正相关，并且这种相关关系在低成长性公司中更为显著。有学者认为政府补助能够显著促进企业的财务绩效，并且直接扶持比间接扶持的促进效果更明显（Lee E et al.，2014）。在此基础上，周霞（2014）从企业生命周期的角度进行研究，认为政府补助对成长期企业财务绩效的促进作用最显著。周文泳等（2019）认为对于政府补助能够有效促进成长期和衰退期企业财务绩效的增长，而不能促进成熟期企业财务绩效的提升。周春应等的研究成果都认为，政府补助能够对企业财务绩效有积极的促进作用。

凯恩斯的政府干预理论认为，政府通过扩大财政支出，可以有效改善需求不足的状况，促进经济的稳定和增长。在 2008 年国际金融危机和国内自然灾害的持续影响下，油气市场需求下降，油气企业的生产经营遭受严重冲击，资金压力较大，部分企业财务绩效出现下滑趋势（付帅，2009；邵强和李友俊，2009）。为应对此次金融危机，自 2008 年 11 月，我国财政政策由稳健型转变为积极型，政府对企业的财政补贴力度有所提高，在一定程度上能够缓解企业的资金压力。根据信号传递理论，在市场信息不对称的情况下，企业能够通过融资宣告等行为向市场传递公司内部信息，以吸引潜在投资者。因此，政府补助既能使企业直接获得资金支持，也能向市场传递企业经营良好的积极信号，有利于吸引融资，促进企业财务绩效增长（申香华，2015；傅利平和李小静，2014）。本书据此提出第一组假设 H1、H1a 和 H1b：

H1：政府补助对油气企业财务绩效有正向促进作用。

H1a：环保型政府补助对油气企业财务绩效有正向促进作用。

H1b：非环保型政府补助对油气企业财务绩效有正向促进作用。

4.2 政府补助对油气企业环保投入影响的研究假设

通过文献综述可知，国内外学者关于政府补助与企业环保投入方面的研究成果也较为丰富，学者们的研究结论并不统一，大多数学者认为政府补助会对企业环保投入有正向影响。吴成颂（2015）认为政府补助具有一定的社会性，制造业上市公司通过补助有效地促进了自身对环境治理资金的投入。田立等（2012）认为政府补贴对企业节能减排是必要的，通过政府补助可提升企业环境管理效率并促使企业积极地履行保护环境的责任。王薇（2020）、高麟和胡立新（2017）等学者认为政府环保补助与企业环保投入呈正相关关系。进一步地，廖安然（2017）从地理位置进行研究发现，中部、东部地区政府补助对企业环保支出有显著的带动效应，而西部地区政府补助对企业环保支出的关系不显著。顾茜（2019）认为政府环保补助对企业环保投入存在"U"型结构的影响，政府环保支出占财政支出比重达到 4.75% 时，对企业环保投资由挤出效应转为挤入效应。从滞后性角度李修业（2016）通过研究发现，在存在政治关联的企业中，财政补贴与企业当期的环境绩效不存在明显关系，但是财政补贴对企业滞后一期的环境绩效有显著负相关影响；在不存在政治关联的企业中，财政补贴能够改善企业的环境绩效，滞后一期的效果更加明显。

实施生态保护补偿是调动各方积极性、保护好生态环境的重要手段，是生态文明制度建设的重要内容。生态保护补偿通过经济激励的手段，促进环境正的外部性内部化，使环境的保护者可以受到激励与补偿，调动市场参与生态环境保护的积极性（孙永平，2019）。根据利益相关者理论，政府作为油气企业的利益相关者，无论是从政策方面还是补助方面，都对油气企业有一定的关注，政府往往会从各个方面为油气企业的稳定发展提供支持，其中，政府补助便是重要的形式之一。油气企业作为高污染、高耗能型企业，由于其承担较大的环保责任，政府往往会发放特定用途的财政补助，以督促和支持油气企业加大环保投入力度，履行环境治理义务。此外，根据庇古税理论，政府对外部不经济的当事人进行收税，对外部经济的当事人给予补贴，能有效将企业的外部效应实现内部化，使企业各司其职，实现资源优化配置。在环境治理方面，油气企业属于外部经济的当事人，政府补助的干预能够促使企业加大环保投入。本书据此提出第二组假设 H2、H2a 和 H2b：

H2：政府补助对油气企业环保投入有正向促进作用。

H2a：环保型政府补助对油气企业环保投入有正向促进作用。

H2b：非环保型政府补助对油气企业环保投入有正向促进作用。

4.3 企业环保投入在政府补助与财务绩效间 发挥中介效应的研究假设

通过文献综述可知，在政府补助、企业环保投入与财务绩效三者关系的研究中，关于两变量之间的研究文献较丰富，但关于政府补助与企业环保投入对财务绩效影响的研究少有。虽已有学者在研究政府补助对财务绩效影响时引入中间变量，但多以研发投入、技术创新、污染治理责任、产品市场竞争、政府补助等作为调节或中介变量进行研究，并未涉及企业环保投入，研究的对象多集中在农业、新能源汽车、医药制造、战略性新兴产业以及高新技术企业等国家重点扶持的行业，并没有结合油气企业，如刘宁潇（2017）研究发现企业的污染治理责任在政府补助和财务绩效之间起到正向的中介作用，胡志勇（2021）等认为政府补助在企业环保投入与经营绩效之间具有部分中介作用。

在践行可持续发展观的时代背景下，企业和政府均应背负起环保责任，履行环保义务。可持续发展理论倡导将发展问题和环境问题进行有机结合。对于油气企业而言，政府补助为可持续发展提供了一定的经济基础，企业环保投入保障了可持续发展的环境条件，两者共同作用能够促进企业财务绩效的提升。正如张长江等（2018）认为企业可持续发展信息披露能够促进公司价值的提升。戴悦等（2019）也认为企业环境信息披露对财务绩效有正向影响。根据外部性理论，政府通过向企业发放环保补助的举措，一方面能够对企业因环境污染所引发的负外部性问题进行调节，引导企业进行环保投入；另一方面能够使企业因环保投入所带来的正外部性问题得到缓解，降低企业环保成本，促进企业财务绩效的增长。因此，企业进行环保投入的行为能够优化自身的生产经营模式，树立良好的企业形象，有利于企业财务绩效的提升。本书据此提出第三组假设 H3、H3a 和 H3b：

H3：油气企业环保投入在政府补助与财务绩效之间发挥中介效应。

H3a：油气企业环保投入在环保型政府补助与财务绩效之间发挥中介

效应。

H3b：油气企业环保投入在非环保型政府补助与财务绩效之间发挥中介效应。

在此基础上，有学者对企业环保投入进行了更深入的研究。López－Gamero M D 等研究发现，企业主动进行环保投入有助于提高企业竞争力，并对企业财务绩效产生积极影响。彭妍等（2016）将环保投入按不同结构进行分类，发现污染预防投资比末端治理投资带来的财务绩效更明显。本书借鉴前人的研究成果，将油气企业的环保投入分为预防性环保投入和治理性环保投入。关于预防性环保投入，从动机上看，其体现了企业主动承担环保责任的自觉性，有利于树立良好的企业形象、巩固市场地位；从用途上看，其大部分用于与环保相关的工程建设、产品研发、技术改良以及环保基金等，有利于提高企业核心竞争力。而治理性环保投入，从动机上看，其表现为企业被动履行环保义务，在一定程度上有利于维护企业形象，但容易陷入"先污染、再治理"的恶性循环，不利于企业长远发展；从用途上看，其大部分支出为排污费、生态环境恢复补偿费等，会在短期内导致企业营运成本的增加。因此，本书提出假设 H4 和 H5：

H4：预防性环保投入在环保型政府补助与财务绩效之间发挥中介效应。

H5：治理性环保投入在环保型政府补助与财务绩效之间发挥中介效应。

4.4　政府补助与企业环保投入对油气企业财务绩效影响的机理模型

根据信号传递理论，政府补助既能使企业直接获得资金支持，也能向市场传递企业经营良好的积极信号，有利于吸引融资，促进企业财务绩效增长，可见政府补助对油气企业财务绩效有促进作用。根据庇古税理论，政府对外部不经济的当事人进行收税，对外部经济的当事人给予补贴，能有效将企业的外部效应实现内部化。在环境治理方面，油气企业属于外部经济的当事人，政府补助的干预能够促使企业加大环保投入，可见政府补助对油气企业环保投入有促进作用。可持续发展理论倡导将发展问题和环境问题进行有机结合,对于油气企业而言,政府补助为可持续发展提供了一定的经济基础,企业环保投入保障了可持续发展的环境条件,两者共同作用能够促进企业财务绩效的提升。根据外部性理论,政府通过向企业发放环保补助,一方面能够对企业因环境污染所引发的负外部性问题进行调节,引导企业进行环保投入;另一方面能够使企业因环保投入所带来的正外部性问题得到缓解,降低企业环保成本,促进财务绩效的增长。可见,政府补助可以通过影响油气企业环保投入进而影响财务绩效。彭妍等研究发现污染预防投资比末端治理投资带来的财务绩效更明显。由此可见,油气企业不同方面的环保投入在环保型政府补助对财务绩效影响过程中的作用不同。综合上述理论分析,说明油气企业环保投入在政府补助对财务绩效的影响中具有中介效应。因此,本书构建了政府补助与企业环保投入对油气企业财务绩效影响的机理模型如图4.1所示。

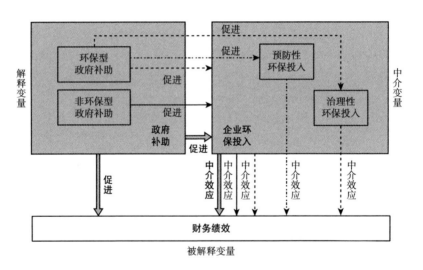

图 4.1 政府补助与企业环保投入对油气企业财务绩效影响的机理模型

4.5 变量定义与测度

根据上述研究假设涉及的相关变量及实证模型构建的需要,选取下列指标作为本书实证分析的变量，以便对研究假设进行更科学的验证，对研究对象进行更客观的分析。

4.5.1　被解释变量

本书第 3 章选取盈利能力、资产质量、债务风险、经营增长以及现金流代表财务能力指标，选取环境管理和风险管控作为代表油气企业的非财务能力指标，从 7 个维度中共选取了 17 个指标构建体现油气企业行业特色的评价指标体系，然后利用因子分析方法对这 17 个指标进行了降维，最终得到 6 个公共因子。通过构建公共因子得分函数和财务绩效的综合得分函数，最终计算得出油气企业财务绩效的综合得分 F，计算结果参见附表 2。本书选取的被解释变量就是财务绩效综合得分 F。

4.5.2　解释变量

解释变量为政府补助、环保型政府补助和非环保型政府补助。本书使用的政府补助数据从国泰安数据库导出，来源于油气企业年度报告中的"其他收益"和"营业外收入"，环保型政府补助和非环保型政府补助根据披露明细的关键词和环保衍生词进行划分。目前，学者们对政府补助的衡量方式主要有两种：第一种是采用政府补助与企业的某一项财务数据的比值来表示；第二种是对政府补助进行对数化处理。文章借鉴崔广慧等（2017）和卜华等（2019）的处理方法，以企业当期收到的政府补助金额与当期平均总资产的比值来衡量，分别计算出政府补助强度（Sub）、环保型政府补助强度（ESub）和非环保型政府补助强度（NESub）作为解释变量的衡量指标进行实证研究。

4.5.3　中介变量

中介变量为环保投入、预防性环保投入和治理性环保投入。目前，我国尚未对企业环保投入进行统一界定，学者们对企业环保投入的衡量主要有三种方法：第一种是直接采用《社会责任报告》《环境报告书》《可持续发展报告》中披露的环保投入总额；第二种是根据企业年度报告中披露的各项目环保投入金额进行手工整理；第三种是采用赋值法，根据企业环保投入的程度或是否进行环保投入进行赋值。本书借鉴崔广慧（2017）和杨柳（2019）的研究方法，根据企业年度报告和社会责任报告中披露与企业环保行为有关的信息，按披露明细中的关键词及其相关词汇进行筛选并分类。借鉴赵雅婷（2015）的处理方法，以企业当期的环保投入金额与当期平均总资产的比值来衡量，分别计算出环保投入强度（EPI）、预防性环保投入强度（PEPI）和治理性环保投入强度（GEPI）作为中介变量的衡量指标进行实证研究。预防性和治理性环保投入的数据来源如表4－1所示。

表4－1　　　　　　　　预防性和治理性环保投入数据来源

划分类型	报表项目	具体内容
预防性 环保投入	在建工程	（与环保相关的）技改、扩建、改造等
	无形资产	污水处理 BOT/TOT 经营权
	长期待摊费用	（与环保相关的）××工程、××系统等
	研发支出	（与环保相关的）排放、技改等
	预计负债	弃置费用
	税金及附加	水利基金等
	管理费用	（与环保相关的）研发支出、技术发展费等
治理性 环保投入	营业外支出	水利建设基金、绿化造林工程费、林地建设费、防洪基金等
	无形资产	排污许可权
	长期待摊费用	生态环境恢复与搬迁补偿费等
	税金及附加	城建税、资源税、环境税、矿产资源补偿费等
	管理费用	环卫、绿化、堤围防护费、水资源补偿费、环境污染治理费等

4.5.4　控制变量

油气企业财务绩效除受到政府补助和企业环保投入的影响外，还与油气企业资产负债率、企业规模、股权集中度、地理位置和产权性质有关。因此，控制变量选取资产负债率、企业规模、股权集中度、地理位置和产权性质五个指标。

（1）资产负债率（Lev）。油气企业不同的融资策略对企业财务绩效会产生一定影响，油气企业的负债经营也可以发挥负债抵税效应。本书选取负债总额与资产总额的比值来衡量资产负债率。

（2）企业规模（Size）。油气企业规模大小不同导致其在履行的环保责任、接受的政府补助金额以及产生的财务绩效方面存在较大差异。本书借鉴前人经验，选取油气企业当期平均总资产的自然对数作为衡量企业规模的指标。

（3）股权集中度（Top1）。股权集中度往往对企业的经营、筹资、投资决策会产生较大影响，第一大股东的持股比例能够反映出企业的股权集中度，本书选取油气企业第一大股东持股比例来衡量企业股权集中度。

（4）地理位置（Area）。由于我国区域之间经济发展的不平衡，加之油气企业的经济活动对当地生态环境具有较大影响，在响应经济文明与生态文明协调发展的战略方针下，我国对发达地区的环境管制力度与环保投资强度不同于欠发达地区，位于不同区域的油气企业的经济效益也有较大不同。本书按照国家统计局经济区域划分标准，将研究样本所处地理位置划分为东部、中部、西部以及东北部。按照国家统计局东、西、中部和东北地区的划分方法，东部地区包括北京、天津、河北、上海、江苏、浙江、福建、山东、广东和海南，中部地区包括山西、安徽、江西、河南、湖北和湖南，西部地区包括内蒙古、广西、重庆、四川、贵州、云南、西藏、陕西、甘肃、青海、宁夏和新疆，东北地区包括辽宁、吉林和黑龙江。本书中样本企业在东部地区的赋值为"1"，在中部地区的赋值为"2"，在西部地区的赋值为"3"，在东北部地区的赋值为"4"。

（5）产权性质（State）。国有企业与非国有企业在政治背景和社会责任上有显著区别，与后者相比，国有企业有较高的政治联系，同时也承担着更大的社会责任（赵雅婷，2015），政府在对企业进行财政补助时往往更倾向于国有企业，二者在政府补助强度和使用方面存在较大差异。本书中国有油气企业赋值为"1",非国有油气企业赋值为"0"。

综上所述,本书选取的被解释变量、解释变量、中介变量和控制变量的汇总情况如表4-2所示。

表4-2 变量汇总情况

变量类型	变量名称	变量符号	变量定义
被解释变量	财务绩效	F	油气企业综合财务绩效/100
解释变量	政府补助强度	Sub	政府补助总额/平均总资产×100%
	环保型政府补助强度	ESub	环保型政府补助/平均总资产×100%
	非环保型政府补助强度	NESub	非环保型政府补助/平均总资产×100%
中介变量	环保投入强度	EPI	环保投入总额/平均总资产×100%
	预防性环保投入强度	PEPI	预防性环保投入总额/平均总资产×100%
	治理性环保投入强度	GEPI	治理性环保投入总额/平均总资产×100%
控制变量	资产负债率	Lev	负债总额/资产总额×100%
	企业规模	Size	Ln(平均总资产)
	股权集中度	Top1	第一大股东持股比例
	地理位置	Area	东部=1;中部=2;西部=3;东北部=4
	产权性质	State	国有=1;非国有=0

4.6 实证模型构建

本书基于平衡面板数据进行模型构建,面板数据相对于截面数据和时间序列数据,能够更好地解决遗漏变量的问题,提供更多个体动态行为的信息。面板模型按解释变量中是否包含被解释变量的滞后项分为静态面板模型和动态面板模型。一般来说,经济个体行为具有连续性、惯性和偏好,是一个动态变化的过程,考虑到油气企业当期的财务绩效可能会受到上期行为的影响,比如资本存量的调整、投资决策的考虑等,相对来说,动态面板模型更适合用于识别此类计量,能更准确地描述这种动态特征的行为关系(李强和王小刚，2014）。因此，本书使用被解释变量的滞后一阶作为解释变量，构建动态面板模型。在动态面板数据下，由于存在动态面板误差，组内估计量（FE）是不一致的，针对文中使用的短面板数据，为处理由滞后被解释变量所导致的内生性问题，本书选用系统 GMM 方法，系统 GMM 方法较差分 GMM 估计的效率更高，并且包含对水平方程的估计，在实证研究中应用更广泛（陈强，2010）。在此基础上，为了研究油气企业环保投入在政府补助和财务绩效间的中介效应，本书借鉴温忠麟等（2014）提出的中介效应模型，构建政府补助（环保型政府补助及非环保型政府补助）、企业环保投入与财务绩效的中介效应模型路径图。如图 4.2 所示，Sub、ESub、NESub 分别为解释变量，F 为被解释变量，EPI 为中介变量。

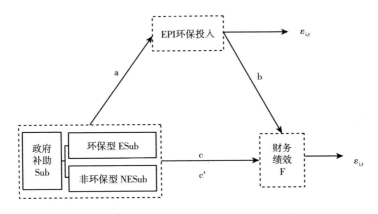

图 4.2 企业环保投入的中介效应模型路径

根据研究假设，依据政府补助与企业环保投入对油气企业财务绩效影响的机理模型和图 4.2 中介效应模型路径图构建出三组实证模型（4-1）~模型（4-3）。

根据第一组假设，构建第一组模型如下：

$$F_{i,t} = \alpha_0 + \alpha_1 F_{i,t-1} + c_1 Sub_{i,t} + \alpha_2 Control_{i,t} + \lambda_t + \mu_i + \varepsilon_{i,t} \qquad (4-1)$$

$$F_{i,t} = \alpha_0 + \alpha_1 F_{i,t-1} + c_2 ESub_{i,t} + \alpha_2 Control_{i,t} + \lambda_t + \mu_i + \varepsilon_{i,t} \qquad (4-1a)$$

$$F_{i,t} = \alpha_0 + \alpha_1 F_{i,t-1} + c_3 NESub_{i,t} + \alpha_2 Control_{i,t} + \lambda_t + \mu_i + \varepsilon_{i,t} \qquad (4-1b)$$

根据第二组假设，构建第二组模型如下：

$$EPI_{i,t} = \beta_0 + \beta_1 EPI_{i,t-1} + a_1 Sub_{i,t} + \beta_2 Control_{i,t} + \lambda_t + \mu_i + \varepsilon_{i,t} \quad (4-2)$$

$$EPI_{i,t} = \beta_0 + \beta_1 EPI_{i,t-1} + a_2 ESub_{i,t} + \beta_2 Control_{i,t} + \lambda_t + \mu_i + \varepsilon_{i,t} \quad (4-2a)$$

$$EPI_{i,t} = \beta_0 + \beta_1 EPI_{i,t-1} + a_3 NESub_{i,t} + \beta_2 Control_{i,t} + \lambda_t + \mu_i + \varepsilon_{i,t} \quad (4-2b)$$

根据第三组假设，构建第三组模型如下：

$$F_{i,t} = \rho_0 + \rho_1 F_{i,t-1} + c_1' Sub_{i,t} + b_1 EPI_{i,t} + \rho_2 Control_{i,t} + \lambda_t + \mu_i + \varepsilon_{i,t}$$

$$(4-3)$$

$$F_{i,t} = \rho_0 + \rho_1 F_{i,t-1} + c_2' ESub_{i,t} + b_2 EPI_{i,t} + \rho_2 Control_{i,t} + \lambda_t + \mu_i + \varepsilon_{i,t}$$

$$(4-3a)$$

$$F_{i,t} = \rho_0 + \rho_1 F_{i,t-1} + c_3' NESub_{i,t} + b_3 EPI_{i,t} + \rho_2 Control_{i,t} + \lambda_t + \mu_i + \varepsilon_{i,t}$$

$$(4-3b)$$

第一组模型中，模型（4－1）检验假设 H1，模型（4－1a）检验假设 H1a，模型（4－1b）检验假设 H1b，模型中的系数 c_1、c_2、c_3 是解释变量对被解释变量的总效应。第二组模型中，模型（4－2）检验假设 H2，模型（4－2a）检验假设 H2a，模型（4－2b）检验假设 H2b，模型中的系数 a_1、a_2、a_3 分别是各模型中解释变量对中介变量的效应。第三组模型中，模型（4－3）检验假设 H3，模型（4－3a）检验假设 H3a，模型（4－3b）检验假设 H3b，模型中的系数 b_1、b_2、b_3 是在控制了解释变量的影响后，中介变量对被解释变量的效应；系数 c_1'、c_2'、c_3' 是在控制了中介变量的影响后，解释变量对被解释变量的直接效应。

为了进一步研究油气企业预防性及治理性环保投入在环保型政府补助对财务绩效影响过程中的中介效应，深入探究内在机理，构建环保型政府补助、预防性及治理性环保投入与财务绩效的中介效应模型路径图如图 4.3 所示。环保型政府补助 ESub 为解释变量，财务绩效 F 为被解释变量，预防性环保投入 PEPI 及治理性环保投入 GEPI 分别为中介变量。

根据研究假设，依据政府补助与企业环保投入对油气企业财务绩效影响的机理模型和图 4.3 中介效应模型路径图构建出两组实证模型（4－4）和模型（4－5）。

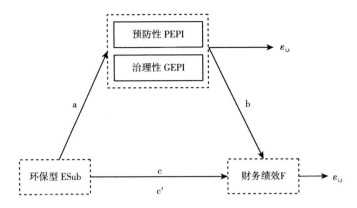

图 4.3　预防性及治理性环保投入的中介效应模型路径

根据假设 H4，构建第四组模型如下：

$$PEPI_{i,t} = \beta_0 + \beta_1 PEPI_{i,t-1} + a_4 ESub_{i,t} + \beta_2 Control_{i,t} + \lambda_t + \mu_i + \varepsilon_{i,t}$$

$$(4-4a)$$

$$F_{i,t} = \rho_0 + \rho_1 F_{i,t-1} + c'_4 ESub_{i,t} + b_4 PEPI_{i,t} + \rho_2 Control_{i,t} + \lambda_t + \mu_i + \varepsilon_{i,t}$$

$$(4-4b)$$

根据假设 H5，构建第五组模型如下：

$$GEPI_{i,t} = \beta_0 + \beta_1 GEPI_{i,t-1} + a_5 ESub_{i,t} + \beta_2 Control_{i,t} + \lambda_t + \mu_i + \varepsilon_{i,t}$$

$$(4-5a)$$

$$F_{i,t} = \rho_0 + \rho_1 F_{i,t-1} + a'_5 ESub_{i,t} + b_5 GEPI_{i,t} + \rho_2 Control_{i,t} + \lambda_t + \mu_i + \varepsilon_{i,t}$$

$$(4-5b)$$

第四组模型中，前面构建的模型（4-1a）与本次构建的模型（4-4a）和模型（4-4b）共同检验假设 H4。模型（4-1a）中的系数 c_2 是解释变量对被解释变量的总效应；模型（4-4a）中的系数 a_4 是解释变量对中介变量的效应；模型（4-4b）中的系数 b_4 是在控制了解释变量的影响后，中介变量对被解释变量的效应；系数 c'_4 是在控制了中介变量的影响后，解释变量对被解释变量的直接效应。同理，第五组模型中，前面构建的模型（4-1a）与本次构建的模型（4-5a）和模型（4-5b）共同检验假设 H5。模型（4-1a）中的系数 c_2 是解释变量对被解释变量的总效应；模型（4-5a）中

的系数 a_5 是解释变量对中介变量的效应；模型（4-5b）中的系数 b_5 是在控制了解释变量的影响后，中介变量对被解释变量的效应；系数 c_5' 是在控制了中介变量的影响后，解释变量对被解释变量的直接效应。

在以上五组模型中，i 表示样本公司，t 代表样本年度，t-1 代表样本上一年度。α、β、ρ 为解释变量和控制变量的系数。Control 表示控制变量，包括资产负债率（Lev）、企业规模（Size）、股权集中度（Top1）、地理位置（Area）和企业性质（State），（$\lambda_t + \mu_i + \varepsilon_{i,t}$）为模型中的复合扰动项，其中，$\lambda_t$ 是第 t 期独有的截距项，代表不随个体变化但随时间而变的不可观测的随机变量；μ_i 是个体异质性的截距项，代表不随时间变化但随个体而变的不可观测的随机变量；$\varepsilon_{i,t}$ 是随个体和时间改变的扰动项。

本书参考温忠麟和叶宝娟（2014）提出的中介效应五步法检验流程对中介效应假设进行检验，检验流程如图 4.4 所示。

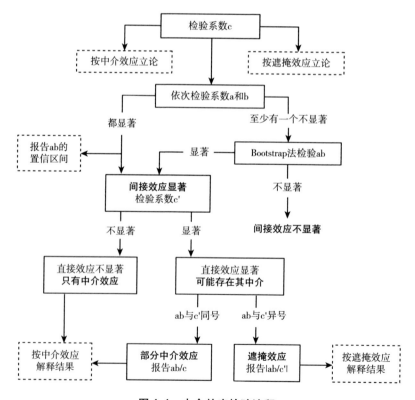

图 4.4　中介效应检验流程

第一步，对于检验第一组模型中的系数 c，如果显著，按中介效应立论；否则，按遮掩效应立论。但无论是否显著，都进行后续检验。

第二步，依次检验第二组模型中的系数 a 和第三组模型中的系数 b，如果两个都显著，则间接效应显著，转到第四步；如果至少有一个不显著，进行第三步。

第三步，用 Bootstrap 法直接检验 H0：ab = 0。如果显著，则间接效应显著，进行第四步；否则，间接效应不显著，停止分析。

第四步，检验第三组模型中的系数 c′，如果不显著，即直接效应不显著，说明只有中介效应；如果显著，即直接效应显著，进行第五步。

第五步，比较 ab 和 c′的符号，如果同号，属于部分中介效应，报告中介效应占总效应的比例 ab/c；如果异号，属于遮掩效应，报告间接效应与直接效应的比例的绝对值为 |ab/c′|，遮掩效应也属于广义的中介效应。

4.7　本章小结

本章从三个层面提出研究假设，即政府补助对油气企业财务绩效影响的研究假设、政府补助对油气企业环保投入影响的研究假设、企业环保投入在政府补助与财务绩效间发挥中介效应的研究假设，构建了政府补助与企业环保投入对油气企业财务绩效影响的机理模型；从被解释变量、解释变量、中介变量和控制变量四方面对实证变量进行界定和测度，油气企业财务绩效综合得分是被解释变量，政府补助以及环保型和非环保型政府补助是解释变量，环保投入以及预防性和治理性环保投入是中介变量，资产负债率、企业规模、股权集中度、地理位置和企业性质是控制变量；基于研究假设、机理模型和变量定义构建五组实证分析模型，为后续实证分析提供模型框架。

政府补助与企业环保投入对油气企业财务绩效影响的实证分析

　　研究假设的提出、变量的定义与测度和实证分析模型的构建为本章实证分析的科学性提供了坚实基础，基于此，本章对油气企业财务绩效、政府补助、企业环保投入等变量进行描述性分析、回归分析和稳健性检验。

5.1　描述性分析

　　被解释变量油气企业财务绩效、解释变量政府补助及环保型和非环保型政府补助、中介变量油气企业环保投入及预防性和治理性环保投入、控制变量中资产负债率及企业规模和股权集中度的描述性分析如表5-1所示。

表5-1　　　　　　　　　　　变量描述性分析

变量	样本量	均值（%）	中位数（%）	标准差（%）	最小值（%）	最大值（%）
F	636	-0.01	-0.05	0.33	-0.60	0.72
Sub	636	0.30	0.13	0.43	0.00	1.77
ESub	636	0.02	0.00	0.05	0.00	0.18
NESub	636	0.25	0.10	0.39	0.00	1.59
EPI	636	0.80	0.26	1.11	0.02	4.06
PEPI	636	0.53	0.01	1.03	0.00	3.97

续表

变量	样本量	均值（%）	中位数（%）	标准差（%）	最小值（%）	最大值（%）
GEPI	636	0.25	0.11	0.34	0.00	1.37
Lev	636	49.10	50.80	17.70	12.80	78.10
Top1	636	37.20	33.30	16.30	12.40	68.30
Size	636	22.80	22.80	1.38	20.50	25.40

通过表5-1可以看出，被解释变量财务绩效（F）的最小值为-0.6%，最大值为0.72%，平均值为-0.01%，标准差为0.33%。所选指标基本符合正态分布，最大值与最小值的差距反映出油气企业的财务绩效差异较大，均值较低反映出油气企业整体财务绩效并不乐观，有较大提升空间。

解释变量政府补助（Sub）的最小值为0%，说明存在个别企业在某一年度未收到政府补助。平均值和标准差分别为0.3%和0.43%，反映出油气企业获得的政府补助分布不均，强度偏低。非环保性政府补助（NESub）的各项指标均高于环保性政府补助（ESub），反映出油气企业环保性政府补助强度小于非环保性政府补助强度。

中介变量环保投入（EPI）的最小值为0.02%，最大值为4.06%，平均值为0.8%，标准差为1.11%。说明油气企业基本每年都会进行一定规模的环保投入，但整体投入规模偏低，企业之间的投入规模差距较大。预防性环保投入（PEPI）的各项指标均高于治理性环保投入（GEPI），反映出油气企业更偏向于通过预防性环保投入承担环保责任。

控制变量中资产负债率（Lev）的指标符合正态分布，总体财务杠杆合理，但最大值与最小值的差距反映出油气企业的偿债能力和财务风险差异较大。企业规模（Size）和股权集中度（Top1）的指标符合正态分布，企业之间差异明显。控制变量中的地理位置和企业性质描述性分析如表5-2所示。

表5-2　　　　　　　　离散变量描述性分析

地理位置	频数	百分比（%）	企业性质	频数	百分比（%）
东部	26	49.06	国有	35	66.04
中部	12	22.64			

地理位置	频数	百分比（%）	企业性质	频数	百分比（%）
西部	10	18.87	非国有	18	33.96
东北部	5	9.43			
总计	53	100	总计	53	100

由表 5 - 2 可知，从地理位置看，样本企业位于东部地区的最多，占比 49.06%；然后是中部和西部，占比分别为 22.64% 和 18.87%；位于东北部地区的最少，仅占比 9.43%，说明我国油气企业在地区上分布不均衡，主要集中于东部地区。从产权性质看，66.04% 为国有企业，33.96% 为非国有企业，说明油气企业的产权性质以国有企业为主。

5.2 回归分析

系统 GMM 估计包括一步法（One - Step GMM）和两步法（Two - Step GMM），由于两步法计算的标准误向下偏差，一步法的估计量尽管效率较低但它是一致的，研究人员也经常报告一步法的估计结果，在 One - Step GMM 中，xtabond2 命令中使用的稳健标准误考虑了个体异方差和自相关（Roodman D，2009）。因此，本部分采用 xtabond2 命令进行一步法下的系统 GMM 估计，并使用了稳健标准误。在系统 GMM 估计中，AR（1）检验的 P 值小于 10%，AR（2）检验的 P 值大于 10%，表明扰动项在 10% 的水平上只存在一阶自相关，不存在二阶自相关，说明系统 GMM 估计的回归结果具有较强的稳健性。Hansen 检验的 P 值大于 10%，表明模型中工具变量不存在过度识别的问题。Wald 检验的 P 值小于 10%，说明模型是有效的。若以上检验均通过，说明选用系统 GMM 进行估计是合适的。

5.2.1 政府补助对油气企业财务绩效影响的主效应回归分析

政府补助、环保型政府补助及非环保型政府补助对油气企业财务绩效影响的回归结果如表 5 - 3 所示。

表 5 - 3　　　　政府补助对油气企业财务绩效影响的回归结果

变量	模型（4 - 1）	模型（4 - 1a）	模型（4 - 1b）
	F	F	F
L. F	0. 4031 ***	0. 4502 ***	0. 4614 ***
	(0. 129)	(0. 111)	(0. 141)
Sub	0. 2035 **		
	(0. 094)		
ESub		2. 9821 **	
		(1. 174)	
NESub			0. 1851 **
			(0. 079)
Lev	0. 0011	0. 0036	0. 0017
	(0. 003)	(0. 003)	(0. 003)
Size	0. 0238	0. 0233	0. 0040
	(0. 038)	(0. 056)	(0. 045)
Top1	0. 0054 **	0. 0009	0. 0072 **
	(0. 002)	(0. 004)	(0. 003)
State	− 0. 0010 *	− 0. 0007	− 0. 0010 **
	(0. 001)	(0. 001)	(0. 000)
Constant	− 0. 0081	− 0. 0069	− 0. 0034
	(0. 008)	(0. 012)	(0. 009)
地区效应	Yes	Yes	Yes
年份效应	Yes	Yes	Yes
观测量	583	583	583
样本量	53	53	53
AR（1）	0. 000	0. 000	0. 000
AR（2）	0. 120	0. 110	0. 114
Hansen	0. 422	0. 803	0. 808
Wald	139. 42 ***	319. 01 ***	189. 66 ***

注：括号中的数字为稳健标准误，AR（1）、AR（2）、Hansen 均为其检验的 P 值，L. F 表示一阶滞后项。 *** p < 0. 01， ** p < 0. 05， * p < 0. 1。

由表 5-3 可知，政府补助影响效应模型（4-1）AR（1）检验的 P 值为 0，小于 10%；AR（2）检验的 P 值为 0.12，大于 10%；Hansen 检验的 P 值为 0.422，大于 10%；Wald 检验值为 139.42***，表示 P 值小于 0.01，小于 10%。环保型政府补助影响效应模型（4-1a）AR（1）检验的 P 值为 0，小于 10%；AR（2）检验的 P 值为 0.11，大于 10%；Hansen 检验的 P 值为 0.803，大于 10%；Wald 检验值为 139.01***，表示 P 值小于 0.01，小于 10%。非环保型政府补助影响效应模型（4-1b）AR（1）检验的 P 值为 0，小于 10%；AR（2）检验的 P 值为 0.114，大于 10%；Hansen 检验的 P 值为 0.808，大于 10%；Wald 检验值为 189.66***，表示 P 值小于 0.01，小于 10%。这说明模型（4-1）、模型（4-1a）和模型（4-1b）的回归方程均有效，选用系统 GMM 进行估计是合适的。

表 5-3 的回归结果表明，上期财务绩效对于当期财务绩效的影响是显著的，说明油气企业上期的财务绩效对当期有显著的推动作用。政府补助、环保型政府补助以及非环保型政府补助对油气企业财务绩效均有促进作用。油气企业股权集中度越高，企业的财务绩效越好，这与胡加明等（2020）、王莉莉等（2021）、吕焱等（2020）的研究结论相一致，股权集中度与企业绩效存在显著正相关关系。非国有油气企业比国有企业的财务绩效好。从模型（4-1）的结果来看，政府补助与企业财务绩效在 5% 的水平上有显著的促进作用，政府补助对油气企业财务绩效的总效应，即系数 c_1 为 0.2035，假设 H1 得以验证。从模型（4-1a）的结果来看，环保型政府补助与企业财务绩效同样在 5% 的水平上有显著的促进作用，环保型政府补助对油气企业财务绩效的总效应，即系数 c_2 为 2.9821，假设 H1a 得以验证。从模型（4-1b）的结果来看，非环保型政府补助与企业财务绩效在 5% 的水平上有显著的促进作用，非环保型政府补助对油气企业财务绩效的总效应，即系数 c_3 为 0.1851，假设 H1b 得以验证。对比来看，环保型政府补助对油气企业财务绩效的促进作用最大，其效果比非环保型政府补助对油气企业财务绩效的促进作用更显著。

5.2.2　政府补助对油气企业环保投入影响的回归分析

政府补助、环保型政府补助及非环保型政府补助对油气企业环保投入影响的回归结果见表 5 – 4。由表 5 – 4 可知，政府补助影响效应模型（4 – 2）AR（1）检验的 P 值为 0，小于 10%；AR（2）检验的 P 值为 0.727，大于 10%；Hansen 检验的 P 值为 0.665，大于 10%；Wald 检验值为 119.51***，表示 P 值小于 0.01，小于 10%。环保型政府补助影响效应模型（4 – 2a）AR（1）检验的 P 值为 0，小于 10%；AR（2）检验的 P 值为 0.698，大于 10%；Hansen 检验的 P 值为 0.212，大于 10%；Wald 检验值为 279.15***，表示 P 值小于 0.01，小于 10%。非环保型政府补助影响效应模型（4 – 2b）AR（1）检验的 P 值为 0，小于 10%；AR（2）检验的 P 值为 0.994，大于 10%；Hansen 检验的 P 值为 0.306，大于 10%；Wald 检验值为 131.17***，表示 P 值小于 0.01，小于 10%。这说明模型（4 – 2）、模型（4 – 2a）和模型（4 – 2b）的回归方程均有效，选用系统 GMM 进行估计是合适的。

表 5 – 4　　　　　政府补助对油气企业环保投入影响的回归结果

变量	模型（4 – 2）	模型（4 – 2a）	模型（4 – 2b）
	EPI	EPI	EPI
L. EPI	0.4009 ***	0.4905 ***	0.3293 ***
	(0.090)	(0.089)	(0.086)
Sub	0.7561 *		
	(0.421)		
ESub		5.8554 **	
		(2.587)	
NESub			0.3809
			(0.246)
Lev	0.0199 *	0.0029	– 0.0118
	(0.010)	0.0038	(0.014)
Size	0.0001	(0.012)	0.0047 **
	(0.002)	0.0326	(0.002)

续表

变量	模型（4-2）	模型（4-2a）	模型（4-2b）
	EPI	EPI	EPI
Top1	0.0062	(0.166)	-0.0029
	(0.008)	0.0024	(0.007)
State	0.0009	(0.010)	-0.0008
	(0.002)	-0.0002	(0.003)
Constant	-0.0129	-0.0071	-0.0953 **
	(0.038)	(0.034)	(0.041)
地区效应	Yes	Yes	Yes
年份效应	Yes	Yes	Yes
观测量	583	583	583
样本量	53	53	53
AR（1）	0.000	0.000	0.000
AR（2）	0.727	0.698	0.994
Hansen	0.665	0.212	0.306
Wald	119.51 ***	279.15 ***	131.17 ***

注：括号中的数字为稳健标准误，AR（1）、AR（2）、Hansen 均为其检验的 P 值，L. EPI 表示一阶滞后项。*** $p < 0.01$，** $p < 0.05$，* $p < 0.1$。

表5-4 的回归结果表明，油气企业上期环保投入对于当期环保投入有显著的积极影响。政府补助和环保型政府补助对油气企业的环保投入均有积极作用，非环保型政府补助的积极作用不显著。企业规模越大，其环保投入规模越大，说明规模大的油气企业环保意识更强，更能积极从事环保活动。从模型（4-2）的结果来看，政府补助对油气企业环保投入在10%的水平上有显著的促进作用，系数 a_1 为 0.7561，假设 H2 得以验证。从模型（4-2a）的结果来看，环保型政府补助对气企业环保投入在5%的水平上有显著的促进作用，系数 a_2 为 5.8554，假设 H2a 得以验证。从模型（4-2b）的结果来看，非环保型政府补助对气企业环保投入的促进作用不显著，系数 a_3 不显著，假设 H2b 未能被验证，说明油气企业获得的非环保型政府补助不会显著地引导企业加大环保方面投入。

5.2.3　油气企业环保投入的中介效应回归分析

油气企业环保投入在政府补助（包括环保型及非环保型政府补助）和企业财务绩效之间的中介效应回归结果见表 5 - 5。由表 5 - 5 可知，油气企业环保投入在政府补助和财务绩效之间的中介效应模型（4 - 3）AR（1）检验的 P 值为 0，小于 10%；AR（2）检验的 P 值为 0.111，大于 10%；Hansen 检验的 P 值为 0.999，大于 10%；Wald 检验值为 168.57***，表示 P 值小于 0.01，小于 10%。油气企业环保投入在环保型政府补助和财务绩效之间的中介效应模型（4 - 3a）AR（1）检验的 P 值为 0.003，小于 10%；AR（2）检验的 P 值为 0.116，大于 10%；Hansen 检验的 P 值为 0.559，大于 10%；Wald 检验值为 240.24***，表示 P 值小于 0.01，小于 10%。油气企业环保投入在非环保型政府补助和财务绩效之间的中介效应模型（4 - 3b）AR（1）检验的 P 值为 0，小于 10%；AR（2）检验的 P 值为 0.115，大于 10%；Hansen 检验的 P 值为 0.763，大于 10%；Wald 检验值为 175.63***，表示 P 值小于 0.01，小于 10%。这说明模型（4 - 3）、模型（4 - 3a）和模型（4 - 3b）的回归方程均有效，选用系统 GMM 进行估计是合适的。

表 5 - 5　　　　　油气企业环保投入的中介效应回归结果

变量	模型（4 - 3）	模型（4 - 3a）	模型（4 - 3b）
	F	F	F
L. F	0.3460**	0.3640**	0.3552***
	(0.153)	(0.160)	(0.119)
EPI	0.0747**	0.0952**	0.0052
	(0.032)	(0.048)	(0.029)
Sub	0.2522***		
	(0.079)		
ESub		0.0817	
		(0.845)	

续表

变量	模型（4-3）	模型（4-3a）	模型（4-3b）
	F	F	F
NESub			0.1247 **
			(0.060)
Lev	0.0014	0.0003	0.0023
	(0.002)	(0.003)	(0.003)
Size	0.0018	0.0293	0.0403
	(0.035)	(0.042)	(0.040)
Top1	-0.0007	-0.0016	0.0025
	(0.002)	(0.003)	(0.002)
State	-0.0005	-0.0002	-0.0005
	(0.000)	(0.001)	(0.000)
Constant	-0.0008	-0.0072	-0.0100
	(0.007)	(0.009)	(0.008)
地区效应	Yes	Yes	Yes
年份效应	Yes	Yes	Yes
观测量	583	583	583
样本量	53	53	53
AR（1）	0.000	0.003	0.000
AR（2）	0.111	0.116	0.115
Hansen	0.999	0.559	0.763
Wald	168.57 ***	240.24 ***	175.63 ***

注：括号中的数字为稳健标准误，AR（1）、AR（2）、Hansen 均为其检验的 P 值，L. F 表示一阶滞后项。*** $p < 0.01$，** $p < 0.05$。

根据表5-5中的数据，从模型（4-3）的回归结果来看，油气企业环保投入对财务绩效在5%的水平上有显著的促进作用，系数 b_1 为0.0747。政府补助对财务绩效在1%的水平上有显著的促进作用，政府补助对油气企业财务绩效的直接效应，即系数 c_1' 为0.2522。根据中介效应检验流程，间接效应 $a_1 b_1$ 和直接效应 c_1' 均显著，且 $a_1 b_1$ 与 c_1' 同号，说明油气企业环保投入在政府补助和财务绩效之间存在部分中介效应，效用量 $a_1 b_1 / c_1 = 0.2775$。假设 H3 得以验证。

根据表 5-5 中的数据，从模型（4-3a）的回归结果来看，油气企业环保投入对财务绩效在 5% 的水平上有显著的促进作用，系数 b_2 为 0.0952。环保型政府补助对财务绩效促进作用不显著，环保型政府补助对油气企业财务绩效的直接效应，即系数 c_2' 不显著。根据中介效应检验流程，间接效应 a_2b_2 显著，直接效应 c_2' 不显著，说明油气企业环保投入在环保型政府补助和财务绩效之间存在完全中介效应，间接效应效用量 $a_2b_2 = 0.5574$，假设 H3a 得以验证。

根据表 5-5 中的数据，从模型（4-3b）的回归结果来看，非环保型政府补助对财务绩效在 5% 的水平上有显著的促进作用，非环保型政府补助对油气企业财务绩效的直接效应，即系数 c_3' 为 0.1247。油气企业环保投入对财务绩效的促进作用不显著，系数 b_3 不显著。根据中介效应检验流程，若系数 a_3 和 b_3 至少有一个不显著，则采用 Bootstrap 法检验 a_3b_3。检验结果见表 5-6。在置信度 95% 的情况下，间接效应偏差修正后的置信区间（BC）为 [-0.0029, 0.0168]，该区间内包含 0 值，这意味着间接效应不显著，说明油气企业环保投入在非环保型政府补助和财务绩效之间不存在中介效应，假设 H3b 未被验证。

表 5-6   Bootstrap 法中介效应检验结果

	观测系数	偏差	基于 Bootstrap 方法的标准误	95% 的置信区间		
间接效应	0.0047	0.0000	0.0047	-0.0033	0.0157	（P）
				-0.0029	0.0168	（BC）
直接效应	0.0135	-0.0004	0.0226	-0.0283	0.0579	（P）
				-0.0280	0.0583	（BC）

注：（P）百分位的置信区间，（BC）偏差矫正的置信区间。

5.2.4   预防性及治理性环保投入的中介效应回归分析

油气企业预防性及治理性环保投入在环保型政府补助和财务绩效之间的中介效应回归结果见表 5-7。由表 5-7 可知，油气企业预防性环保投入在

环保型政府补助和财务绩效之间的中介效应模型（4－4a）AR（1）检验的
P 值为 0，小于 10%；AR（2）检验的 P 值为 0.711，大于 10%；Hansen 检
验的 P 值为 0.950，大于 10%；Wald 检验值为 261.17***，表示 P 值小于
0.01，小于 10%。模型（4－4b）AR（1）检验的 P 值为 0.003，小于 10%；
AR（2）检验的 P 值为 0.106，大于 10%；Hansen 检验的 P 值为 0.835，大
于 10%；Wald 检验值为 152.11***，表示 P 值小于 0.01，小于 10%。油气企
业治理性环保投入在环保型政府补助和财务绩效之间的中介效应模型（4－
5a）AR（1）检验的 P 值为 0.004，小于 10%；AR（2）检验的 P 值为
0.911，大于 10%；Hansen 检验的 P 值为 0.416，大于 10%；Wald 检验值为
422.81***，表示 P 值小于 0.01，小于 10%。模型（4－5b）AR（1）检验的
P 值为 0，小于 10%；AR（2）检验的 P 值为 0.122，大于 10%；Hansen 检
验的 P 值为 0.763，大于 10%；Wald 检验值为 151.58***，表示 P 值小于
0.01，小于 10%。这说明模型（4－4a）、模型（4－4b）、模型（4－5a）和
模型（4－5b）的回归方程均有效，选用系统 GMM 进行估计是合适的。

表5－7　　　　　预防性及治理性环保投入的中介效应回归结果

变量	模型（4－4a）	模型（4－4b）	模型（4－5a）	模型（4－5b）
	PEPI	F	GEPI	F
L. F		0.4404 ** (0.192)		0.2790 ** (0.136)
L. PEPI	0.3301 *** (0.086)			
L. GEPI			0.7878 *** (0.141)	
PEPI		0.1358 * (0.070)		
GEPI				0.2551 * (0.135)
ESub	9.4283 *** (4.011)	0.2313 (1.042)	－ 2.3575 *** (1.125)	2.4497 *** (1.213)

续表

变量	模型（4-4a）	模型（4-4b）	模型（4-5a）	模型（4-5b）
	PEPI	F	GEPI	F
Lev	0.0112 （0.011）	-0.0068 （0.006）	0.0016 （0.005）	0.0033 （0.003）
Size	0.0890 （0.231）	0.1104 （0.078）	-0.0688 （0.071）	-0.0029 （0.047）
Top1	-0.0015 （0.008）	-0.0094 * （0.005）	0.0060 （0.005）	-0.0054 （0.004）
State	-0.0008 （0.003）	0.0000 （0.001）	0.0004 （0.001）	0.0000 （0.001）
Constant	-0.0248 （0.047）	-0.0201 （0.016）	0.0140 （0.015）	0.0012 （0.010）
地区效应	Yes	Yes	Yes	Yes
年份效应	Yes	Yes	Yes	Yes
观测量	583	583	583	583
样本量	53	53	53	53
AR（1）	0.000	0.003	0.004	0.000
AR（2）	0.711	0.106	0.911	0.122
Hansen	0.950	0.835	0.416	0.763
Wald	261.17 ***	152.11 ***	422.81 ***	151.58 ***

注：括号中的数字为稳健标准误，AR（1）、AR（2）、Hansen 均为其检验的 P 值，L. F、L. PEPI、L. GEPI 表示一阶滞后项。*** $p < 0.01$，** $p < 0.05$，* $p < 0.1$。

从模型（4-4a）的回归结果来看，环保型政府补助对油气企业预防性环保投入在 5% 的水平上有显著的促进作用，系数 a_4 为 9.4283。从模型（4-4b）的回归结果来看，油气企业预防性环保投入对财务绩效在 10% 的水平上有显著的促进作用，系数 b_4 为 0.1358。环保型政府补助对财务绩效的促进作用不显著，环保型政府补助对油气企业财务绩效的直接效应，即系数 c_4' 不显著。根据中介效应检验流程，间接效应 $a_4 b_4$ 显著，直接效应 c_4' 不显著，说明油气企业预防性环保投入在环保型政府补助和财务绩效之间存在完全中介效应，间接效应效用量 $a_4 b_4 = 1.2804$。假设 H4 得以验证。

从模型（4−5a）的回归结果来看，油气企业环保型政府补助对企业治理性环保投入在5%的水平上有显著的抑制作用，系数 a_5 为 −2.3575。从模型（4−5b）的结果来看，油气企业治理性环保投入对财务绩效在10%的水平上有显著的促进作用，系数 b_5 为 0.2551。环保型政府补助对财务绩效在5%的水平上有显著的促进作用，环保型政府补助对油气企业财务绩效的直接效应，即系数 c_5' 为 2.4497。根据中介效应检验流程，间接效应 $a_5 b_5$ 和直接效应 c_5' 均显著，且 $a_5 b_5$ 与 c_5' 异号，说明油气企业治理性环保投入在环保型政府补助和财务绩效之间存在遮掩效应，效用量 $|a_5 b_5 / c_5'| = 0.2455$。温忠麟等（2014）认为遮掩效应属于广义上的中介效应，假设 H5 被验证。

综上所述，在环保投入总额一定情况下，油气企业获得的环保型政府补助会引导企业加大预防性环保投入，但对治理性环保投入则产生了抑制作用。因此，在环保型政府补助与企业财务绩效之间，预防性环保投入表现出完全中介效应，治理性环保投入表现为遮掩效应。

5.3 稳健性检验

为了检验上述实证过程和结论的可靠性，本书通过采取替换被解释变量的方式进行验证，将被解释变量替换为 ROA，重新对上述实证过程进行验证，具体回归结果见表5−8至表5−12。

表5−8　　　　政府补助对油气企业财务绩效影响的稳健性检验

变量	模型（4−1） ROA	模型（4−1a） ROA	模型（4−1b） ROA
L. ROA	0.3887 *** (0.077)	0.4240 *** (0.082)	0.3787 *** (0.078)
Sub	1.4592 *** (0.553)		
ESub		17.8134 *** (5.975)	

续表

变量	模型（4-1）	模型（4-1a）	模型（4-1b）
	ROA	ROA	ROA
NESub			0.9438**
			(0.454)
Lev	-0.0463*	-0.0769**	-0.0448*
	(0.024)	(0.031)	(0.025)
Size	0.0039	0.0099***	0.0028
	(0.003)	(0.004)	(0.003)
Top1	-0.0234	-0.0380	-0.0279
	(0.040)	(0.042)	(0.035)
State	0.0003	-0.0042	0.0027
	(0.006)	(0.007)	(0.005)
Constant	-0.0433	-0.1615*	-0.0099
	(0.070)	(0.094)	(0.055)
地区效应	Yes	Yes	Yes
年份效应	Yes	Yes	Yes
观测量	583	583	583
样本量	53	53	53
AR（1）	0.000	0.000	0.000
AR（2）	0.820	0.718	0.862
Hansen	0.588	0.720	0.997
Wald	204.37***	130.30***	163.44***

注：括号中的数字为稳健标准误，AR（1）、AR（2）、Hansen 均为其检验的 P 值，L. ROA 表示一阶滞后项。***p<0.01，**p<0.05，*p<0.1。

表 5-9　　　　政府补助对油气企业环保投入影响的稳健性检验

变量	模型（4-2）	模型（4-2a）	模型（4-2b）
	EPI	EPI	EPI
L. EPI	0.4009***	0.4905***	0.3293***
	(0.090)	(0.089)	(0.086)

续表

变量	模型（4－2）	模型（4－2a）	模型（4－2b）
	EPI	EPI	EPI
Sub	0.7561 * （0.421）		
ESub		5.8554 ** （2.587）	
NESub			0.3809 （0.246）
Lev	0.0199 * （0.010）	0.0029 0.0038	－0.0118 （0.014）
Size	0.0001 （0.002）	（0.012） 0.0326	0.0047 ** （0.002）
Top1	0.0062 （0.008）	（0.166） 0.0024	－0.0029 （0.007）
State	0.0009 （0.002）	（0.010） －0.0002	－0.0008 （0.003）
Constant	－0.0129 （0.038）	－0.0071 （0.034）	－0.0953 ** （0.041）
地区效应	Yes	Yes	Yes
年份效应	Yes	Yes	Yes
观测量	583	583	583
样本量	53	53	53
AR（1）	0.000	0.000	0.000
AR（2）	0.727	0.698	0.994
Hansen	0.665	0.212	0.306
Wald	119.51 ***	279.15 ***	131.17 ***

注：括号中的数字为稳健标准误，AR（1）、AR（2）、Hansen 均为其检验的 P 值，L. EPI 表示一阶滞后项。*** $p < 0.01$，** $p < 0.05$，* $p < 0.1$。

表 5 - 10　　　　　　　　　　油气企业环保投入中介效应的稳健性检验

变量	模型（4 - 3）	模型（4 - 3a）	模型（4 - 3b）
	ROA	ROA	ROA
L. ROA	0. 3895 ***	0. 3532 ***	0. 3470 ***
	(0. 069)	(0. 079)	(0. 109)
EPI	0. 7835 *	0. 6220 **	0. 2992
	(0. 427)	(0. 299)	(0. 479)
Sub	0. 9175 **		
	(0. 406)		
ESub		7. 1389	
		(4. 462)	
NESub			2. 4410 **
			(1. 057)
Lev	− 0. 0886 ***	− 0. 0781 **	− 0. 0924 **
	(0. 022)	(0. 032)	(0. 046)
Size	0. 0113 **	0. 0087 **	0. 0147 **
	(0. 004)	(0. 004)	(0. 007)
Top1	− 0. 0396	− 0. 0598 **	− 0. 0530
	(0. 040)	(0. 028)	(0. 046)
State	− 0. 0049	− 0. 0001	− 0. 0044
	(0. 007)	(0. 005)	(0. 007)
Constant	− 0. 1720 *	− 0. 1075	− 0. 2654 *
	(0. 093)	(0. 085)	(0. 154)
地区效应	Yes	Yes	Yes
年份效应	Yes	Yes	Yes
观测量	583	583	583
样本量	53	53	53
AR（1）	0. 000	0. 000	0. 001
AR（2）	0. 806	0. 799	0. 952
Hansen	0. 345	0. 980	0. 537
Wald	207. 20 ***	167. 90 ***	163. 81 ***

注：括号中的数字为稳健标准误，AR（1）、AR（2）、Hansen 均为其检验的 P 值，L. ROA 表示一阶滞后项。*** $p < 0.01$，** $p < 0.05$，* $p < 0.1$。

表 5 –11   **Bootstrap 法中介效应的稳健性检验**

	观测系数	偏差	基于 Bootstrap 方法的标准误	95% 的置信区间		
间接效应	0. 3336	0. 0004	0. 0383	– 0. 0268	0. 1206	（P）
				– 0. 0172	0. 1550	（BC）
直接效应	0. 5012	0. 0006	0. 2554	0. 0039	0. 9876	（P）
				0. 0032	0. 9766	（BC）

注：（P）百分位的置信区间，（BC）偏差矫正的置信区间。

表 5 –12   **预防性及治理性环保投入中介效应的稳健性检验**

变量	模型（4 –4a）	模型（4 –4b）	模型（4 –5a）	模型（4 –5b）
	PEPI	ROA	GEPI	ROA
L. ROA		0. 3653 *		0. 3657 ***
		(0. 214)		(0. 069)
L. PEPI	0. 3301 ***			
	(0. 086)			
L. GEPI			0. 7878 ***	
			(0. 141)	
PEPI		3. 1400 **		
		(1. 417)		
GEPI				1. 7371 **
				(0. 757)
ESub	9. 4283 **	4. 6732	– 2. 3575 **	11. 6080 **
	(4. 011)	(18. 910)	(1. 125)	(4. 887)
Lev	0. 0112	– 0. 2368 **	0. 0016	– 0. 0501 *
	(0. 011)	(0. 107)	(0. 005)	(0. 026)
Size	0. 0009	0. 0191	– 0. 0688	0. 0060 *
	(0. 002)	(0. 013)	(0. 071)	(0. 004)
Top1	– 0. 0015	– 0. 1150	0. 0060	– 0. 0706 *
	(0. 008)	(0. 087)	(0. 005)	(0. 039)
State	– 0. 0008	– 0. 0090	0. 0004	0. 0029
	(0. 003)	(0. 015)	(0. 001)	(0. 007)

续表

变量	模型（4-4a）	模型（4-4b）	模型（4-5a）	模型（4-5b）
	PEPI	ROA	GEPI	ROA
Constant	-0.0229 (0.049)	-0.2831 (0.250)	0.0140 (0.015)	-0.0763 (0.082)
地区效应	Yes	Yes	Yes	Yes
年份效应	Yes	Yes	Yes	Yes
观测量	583	583	583	583
样本量	53	53	53	53
AR（1）	0.000	0.004	0.004	0.000
AR（2）	0.711	0.922	0.911	0.783
Hansen	0.950	0.733	0.416	0.920
Wald	261.17***	55.17***	422.81***	193.12***

注：括号中的数字为稳健标准误，AR（1）、AR（2）、Hansen 均为其检验的 P 值，L.ROA、L.PEPI、L.GEPI 表示一阶滞后项。*** $p < 0.01$，** $p < 0.05$，* $p < 0.1$。

由表5-8至表5-12可知，被解释变量替换为 ROA 后稳健性检验的结果与前述分析基本一致，无实质性变化，均通过了稳健性检验。因此，上述结论成立，进一步支持了实证研究结果。

5.4　本章小结

本章基于研究假设、变量定义、构建的中介效应模型路径图以及实证模型，对被解释变量油气企业财务绩效、解释变量政府补助及环保型和非环保型政府补助、中介变量油气企业环保投入及预防性和治理性环保投入、控制变量中资产负债率及企业规模和股权集中度进行描述性统计分析，对油气企业环保投入在政府补助以及不同类型政府补助对财务绩效影响中的中介效应进行回归分析，对不同环保投入在环保型政府补助对财务绩效影响中的中介效应进行回归分析，最后用 ROA 替换被解释变量进行了稳健性检验，检验的结果与实证分析结果基本一致。

第6章

实证研究结果与对策建议

　　根据油气企业政府补助、环保投入和财务绩效现状剖析提供的数据基础，通过实证分析和稳健性检验得出实证研究结论，验证了政府补助对油气企业财务绩效的促进作用，也验证了不同类型政府补助对油气企业环保投入的促进作用不同，还进一步验证了油气企业环保投入在政府补助对财务绩效影响过程中的中介效应以及不同环保投入在环保型政府补助对财务绩效影响过程中的中介效应，为对策建议的提出提供方向指引。

6.1　实证研究结果

　　通过上述政府补助与企业环保投入对油气企业财务绩效影响的实证分析，汇总的实证分析结果如表6-1所示。

表6-1　　　　　　　　　　实证分析结果汇总

假设序号	实证分析结果	是否成立
H1	政府补助对油气企业财务绩效有正向促进作用	成立
H1a	环保型政府补助对油气企业财务绩效有正向促进作用	成立
H1b	非环保型政府补助对油气企业财务绩效有正向促进作用	成立
H2	政府补助对油气企业环保投入有正向促进作用	成立
H2a	环保型政府补助对油气企业环保投入有正向促进作用	成立

续表

假设序号	实证分析结果	是否成立
H2b	非环保型政府补助对油气企业环保投入有正向促进作用	不成立
H3	油气企业的环保投入在政府补助与企业财务绩效之间发挥中介效应	成立
H3a	油气企业的环保投入在环保型政府补助与企业财务绩效之间发挥中介效应	成立
H3b	油气企业的环保投入在非环保型政府补助与企业财务绩效之间发挥中介效应	不成立
H4	预防性环保投入在环保型政府补助与企业财务绩效之间发挥中介效应	成立
H5	治理性环保投入在环保型政府补助与企业财务绩效之间发挥中介效应	成立

中介效应检验结果如图 6.1 所示。

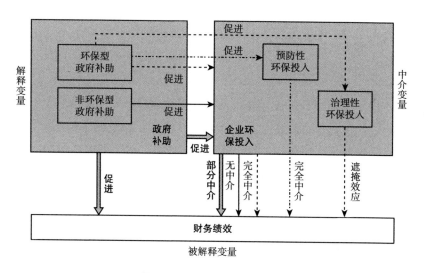

图 6.1　中介效应检验结果

从图 6.1 中可以看出：油气企业环保投入在政府补助影响财务绩效过程中具有部分中介效应；油气企业环保投入在环保型政府补助影响财务绩效过程中具有完全中介效应；油气企业环保投入在非环保型政府补助影响财务绩效过程中不存在中介效应；油气企业预防性环保投入在环保型政府补助影响财务绩效过程中具有完全中介效应；油气企业治理性环保投入在环保型政府补助影响财务绩效过程中具有遮掩效应。

综合前面分析，可得出以下实证研究结果。

（1）环保型政府补助以及非环保型政府补助对油气企业财务绩效均有积极的促进作用。其中，环保型政府补助每增加1个百分点，油气企业财务绩效会随之增加2.9821个百分点；非环保型政府补助每增加1个百分点，油气企业财务绩效会随之增加0.1851个百分点，说明环保型政府补助对油气企业财务绩效的促进作用更显著。

（2）环保型政府补助对油气企业环保投入有积极的促进作用，非环保型政府补助对油气企业环保投入的促进作用不显著。环保型政府补助每增加1个百分点，油气企业环保投入会随之增加5.8554个百分点，说明专项环保型政府补助对油气企业环保投入的促进作用更明显。

（3）油气企业环保投入在政府补助与财务绩效之间发挥部分中介效应，效用量为0.2775；在环保型政府补助与财务绩效之间发挥完全中介效应，间接效用为0.5574；在非环保型政府补助与企业财务绩效之间不具有中介效应。说明油气企业环保投入在环保型政府补助与财务绩效之间的中介效应更显著。

（4）油气企业的预防性环保投入在环保型政府补助与企业财务绩效之间发挥完全中介效应，间接效用为1.2804；油气企业的治理性环保投入在环保型政府补助与企业财务绩效之间表现为遮掩效应，效用量为0.2455。说明在环保投入总额一定情况下，油气企业不同的环保投入在环保型政府补助对财务绩效影响过程中的中介效应不同。油气企业获得的环保型政府补助会引导企业加大预防性环保投入，但对治理性环保投入则产生了抑制作用。

6.2　对策建议

基于实证研究结果，结合油气企业政府补助、环保投入和财务绩效的现状，分别从政府补助和企业环保投入视角提出相应的对策建议。

6.2.1　政府补助视角

油气企业生产环节多、工艺复杂，会产生大量废气、废水、废渣等污染物，历来备受关注。在全面推进生态环境治理体系和治理能力现代化背景下，中共中央办公厅、国务院办公厅印发的《关于构建现代环境治理体系的指导意见》提出，到 2025 年形成导向清晰、决策科学、执行有力、激励有效、多元参与、良性互动的环境治理体系，为当前和今后一个时期推动我国生态环境保护事业改革发展提供了目标指向和基本遵循。因此，应加大政府补助政策支持力度、提高环保型政府补助的比例和建立政企联合的政府补助监控机制，引导油气企业加大环保投入，提高财务绩效，政企合力，共建生态文明。

6.2.1.1　加大政府补助政策支持力度

根据第一条研究结论，说明政府补助能够为油气企业的发展提供必要且有效的支持。通过前面对政府补助现状分析可知，2008～2019 年，政府加大了对油气企业的补助力度，更好地发挥了政府"无形之手"和"扶持之手"的作用。但在当前低油价环境下，油气企业难以取得财务绩效。因此，政府应加大补助政策的支持力度。首先，应制定有针对性的税收优惠政策，如对非常规油气田的勘探开发企业实行增值税先征后退政策，对部分进口设备、仪器等免征进口关税和进口环节增值税，对页岩油开发初期减免页岩油开发税费等。其次，要完善能源开发的补贴政策，对经营油气、页岩气、页岩油、煤层气等油气企业给予平等的补贴率①。最后，应制定合理的补助资金分配政策，政府应在科学考察与评估的前提下，结合油气企业的实际，对发展水平不同的企业要有的放矢，科学分配补助资金，优化资源配置，激发油气企业的市场活力，助力油气企业提高财务绩效，实现高质量发展。

6.2.1.2　提高环保型政府补助的比例

根据第一条研究结论，环保型政府补助对油气企业的财务绩效发挥了极具优势的促进作用。但通过前面对政府补助现状分析可知，环保型政府补助总额占政府补助总额的比例比较低，环保型政府补助的强度整体较弱。因此，政府在制定补助政策时，应提高保型政府补助的比例。

---

①　补贴率是指政府对企业或行业的补贴金额与企业或行业总收入的比率。补贴率计算公式可以帮助政府更好地掌握补贴的效果，以及对企业或行业的影响程度。

首先，政府应增加环保型政府补助力度。政府应在节能减排、污染综合治理、环保设备更新、绿色技术创新等方面增加补助力度，促进产业结构的转型升级，支持油气企业使用环保生产设备、升级改造生产工艺技术和污染治理技术，借鉴优秀的生态治理方式，提升环境治理能力，进而提高企业竞争力，提升财务绩效。

其次，政府应制定环保型政府补助奖惩制度。根据不同油气企业的不同需求，政府应通过环保型政府补助有针对性地对其进行帮扶，并建立"奖罚分明""以奖促治"的奖惩机制。如政府针对主动实施环保行为的企业，加大环保补助力度，引导油气企业加速淘汰或更新污染严重的生产设备，注重清洁生产，支持油气企业增加预防性环保投入，不走"先污染、后治理"的老路；针对各种类型污染按照危害程度、排放量、泄漏废弃物量等的治理程度制定环保政策奖惩细则，对于预防投入高、环保质量好的企业，按标准给予奖励和优惠，促进企业转型升级，提高财务绩效。

6.2.1.3 建立政企联合的政府补助监控机制

由于信息的不对称，政府对补助支出缺乏有效监管，对资金流向难以严格管控，对资金的使用效率难以评估。因此，根据第一条研究结论，为了充分发挥政府补助对油气企业财务绩效的正向促进作用，应建立政企联合的政府补助监控机制。一方面，各级政府和相关部门应联合油气企业，建立补助资金的绩效管理体系，既要严格落实资金流向，也要评估资金使用绩效，确保政府补助专款专用，科学评估政府补助为油气企业带来的效益，为后期政府发放补助提供客观依据，逐步实现政府补助的效益最大化。另一方面，油气企业在取得政府补助之后，应加强资金管理，建立严格的绩效考评体系，将政府补助的专项资金投入到有效的经营活动中。在此过程中，企业应根据自身实际情况，完善组织架构，保证各个部门密切配合，首尾呼应，做到资金流向的全程监督；内外结合，做好资金使用率的严格考评。

6.2.2 企业环保投入视角

随着修订后的《环境保护法》的实施，国家加大对重污染行业的环境惩治力度，同时呼吁企业应增加环保投入，重视源头控制与末端治理的双向把控。根据第二条研究结论，政府补助、特别是环保型政府补助对油气企业的环保投入行为具有导向作用，能够引导油气企业积极承担环保责任，及时履行环保义务。因此，油气企业应转变环保投入理念、加大环保投入力度和增加预防性环保投入比重，重视环境预防和治理工作，积极发挥预防性环保投入的完全中介效应，抑制治理性环保投入的遮掩效应，促进财务绩效的提升，对国民经济和生态文明建设做出应有的贡献。

6.2.2.1　转变油气企业环保投入理念

根据第四条结论，治理性环保投入在环保型政府补助与企业财务绩效之间表现为遮掩效应，这说明"先污染、后治理""重治理、轻预防"的老路已经走不通，"高质量发展""可持续发展"的理念才是油气企业不断前进的必由之路。因此，油气企业在规范环保投入的过程中，应逐渐从"污染治理"转向"源头防治"，从事后补救向事前预防转变，树立绿色经济的理念，尽量避免治理性环保投入的遮掩效应。例如，油气企业对于开采和生产运行中储运、集输过程产生的烃类气体、炼化产生的硫化物、氮氧化物等，应加强对污染源的普查和监管等。当然，这种转变不是一蹴而就的，也非一朝一夕就能完成的，"绿色"将是未来产、学、研发展的重中之重，油气企业应当抓住这一历史机遇，担起国家进步的重任，在环境保护方面首当其冲，实现质的转型，稳步迈入绿色低碳发展行列，共建美丽家园。

6.2.2.2　加大油气企业环保投入力度

根据第三条研究结论，油气企业环保投入在政府补助影响财务绩效过程中具有部分中介效应，尤其是在环保型政府补助影响企业财务绩效过程中具有完全中介效应。因此，油气企业应针对不同环境污染问题增加不同性质的环保投入。

首先，油气企业应针对环境污染前端加大预防性环保投入。如增加技术发展费并计提弃置费用，加大在建工程的技改和脱硫投入，增加生产环保科技类研发投入，加大环保材料、工艺和技术的研发、改进和引进投入，加大绿色造林、环保工程等的投入。

其次，油气企业应针对环境污染末端加大治理性环保投入。如对地层保护、泥浆池防渗、泥浆固化处理、钻井液处理等环节重点防治，对废水、废油等循环利用，对原油、酸液等泄漏事故类污染治理，对输油管道的防腐和技术维护投入等。

最后，在当前油气体制改革的背景下，油气企业应充分重视环保义务的履行和环保责任的主动承担，加大环保投入力度，树立良好的企业形象，增强企业的发展潜力和综合实力，提升企业的财务绩效，走高质量发展道路。

6.2.2.3 增加预防性环保投入比重

根据第四条研究结论，预防性环保投入在环保型政府补助与企业财务绩效之间发挥完全中介效应。这说明预防性环保投入所发挥的积极作用是极为高效的，油气企业在加大环保投入力度的同时，要看到预防性环保投入所带来的巨大红利，通过主动承担环保责任、积极履行环保义务，既能提升企业形象和社会声誉，也能促进油气企业财务绩效的提升。因此，油气企业应逐渐改变"治理性投入比高、预防性投入比低"的现状，科学增加预防性环保投入的比重，逐步将企业转型为"预防性投入为主、治理性投入为辅"，积极发挥其中介效应，实现名利双赢。

6.3 本章小结

根据实证研究结果，政府应加大政府补助政策支持力度、提高环保型政府补助比例和建立政企联合的政府补助监控机制，充分发挥政府补助对油气企业环保投入和财务绩效的促进作用；油气企业应转变环保投入理念、加大环保投入力度和增加预防性环保投入比重，更好地发挥在政府补助影响财务绩效过程中的中介效应。

第 7 章

结论与展望

7.1　研究结论

在推进环境治理体系和治理能力现代化过程中，国家越来越重视对环境的治理与保护。油气企业作为高污染企业，应当主动承担起环境保护的社会责任，加大环保投入，促进油气企业的环境效益与经济效益相统一。因此，本书以油气企业为研究对象，以沪深油气上市公司为样本，探究政府补助、企业环保投入与财务绩效之间的内在关系和作用机理，有助于引导油气企业高质量发展，对国民经济和生态文明建设具有重要的推动作用。通过研究，本书得出如下结论。

（1）油气企业财务绩效评价指标体系应体现油气行业特色。油气企业具有高污染、高排放及高能耗的行业特点，环境管理状况和风险管控状况也会影响财务绩效。因此，油气企业财务绩效评价指标体系既要包括学者们关注的财务能力指标，还要包括体现油气企业行业特色的非财务能力指标，如环境管理能力和风险管控能力，才能保证定量评价的针对性。构建的油气企业财务绩效评价指标体系包括盈利能力、资产质量、债务风险、经营增长、现金流、环境管理和风险管控 7 个一级指标和 17 个二级指标。

（2）因子分析法适用于油气企业财务绩效的定量评价。因子分析法的独特之处在于各评价指标的权重取决于方差贡献率，而不需要专家赋值，避免了专家权重赋值的主观性，保证了评价结果的客观性。因此，基于因子分析法构建的油气企业财务绩效评价模型更好地体现了财务绩效评价结果的真实性。运用因子分析法对油气企业财务绩效定量评价结果表明，油气企业财务绩效整体偏低且趋势向下，受盈利能力、现金流、债务风险、资产质量、经营增长和环境管理6个公共因子的共同影响，其中，盈利能力影响最大，其次是现金流和环境管理。油气企业财务绩效的提升，既要重点关注企业的盈利能力、现金流和环境管理，同时还应该对影响财务绩效的各因子进行整体优化。

（3）政府补助对油气企业环保投入和财务绩效的影响均有促进作用。不同类型政府补助的促进作用不同。环保型政府补助对油气企业环保投入有积极的促进作用，非环保型政府补助对油气企业环保投入的促进作用不显著。与非环保型政府补助相比，环保型政府补助对油气企业财务绩效的促进作用更显著。

（4）油气企业环保投入在环保型政府补助影响财务绩效过程中的中介效应更显著。油气企业环保投入在不同类型政府补助对财务绩效影响过程中的效应不同：在环保型政府补助与企业财务绩效之间发挥完全中介效应，间接效用为0.5574；而在非环保型政府补助与企业财务绩效之间不具有中介效应。

（5）油气企业不同方面的环保投入在环保型政府补助对财务绩效影响过程中的中介效应不同。其中，油气企业的预防性环保投入在环保型政府补助与企业财务绩效之间发挥完全中介效应，间接效用为1.2804；治理性环保投入在环保型政府补助与企业财务绩效之间表现为遮掩效应，效用量为0.2455。说明在环保投入总额一定情况下，油气企业获得的环保型政府补助会引导企业加大预防性环保投入，但对治理性环保投入则产生了抑制作用。

（6）增加政府补助与企业环保投入是提升油气企业财务绩效的有效途径。根据实证研究结果，政府应加大政府补助政策支持力度、提高环保型政府补助的比例和建立政企联合的政府补助监控机制，引导油气企业加大环保投入，进而提升财务绩效；油气企业应转变环保投入理念、加大环保投入力度和增加预防性环保投入比重，更好地发挥油气企业环保投入的中介效应，积极推进绿色转型，树立良好企业形象，提升企业绩效。

7.2　研究展望

在研究中发现有待进一步深入研究的问题，但因时间、数据收集等限制未能全部解决，主要有以下方面。

（1）本书界定的油气企业涉及油气产业链中的上、中、下游企业，其主营业务涉及石油和天然气勘探、开采、加工、储运和销售等环节，不同业务类型和不同发展阶段的油气企业产生的环境污染物不同，其环境管理的措施会有差异，对财务绩效的影响也有区别，但对不同污染物的环境管理效果的数据难以获取，且口径不统一。因此，本研究中为了使不同油气企业的财务绩效评价结果具有可比性，在构建环境管理状况指标时主要从 HSE 管理体系和环境管理体系认证两个方面衡量环境管理能力，并没有分类评价油气企业财务绩效。因而未来的研究重点应当针对不同类型油气企业设计不同的环境管理指标开展实证研究。

（2）研究中给出的对策建议多为宏观层面，微观层面的建议不足。因而未来的研究可以更加侧重于微观层面，针对不同类型的油气企业提出更具操作性政府补助政策建议和更为有效的环保投入建议。

参考文献

［1］张文，沈越．新旧常态转换与政府行为调整——兼论供给侧改革［J］．天府新论，2016（3）：107－114.

［2］齐建国，王红彭，绪庶，等．中国经济新常态的内涵和形成机制［J］．经济纵横，2015（3）：7－17.

［3］蒋为，张龙鹏．补贴差异化的资源误置效应——基于生产率分布视角［J］．中国工业经济，2015（2）：31－43.

［4］卜华，宋建华．政府补助、研发投入与企业价值——以电力行业为视角［J］．会计之友，2019（8）：36－40.

［5］周靓霞．政府补助对文化类上市企业绩效的影响研究［D］．扬州：扬州大学，2018.

［6］陆少秀，冯树清，廖以．所有权性质、政府补助与企业绩效——来自制造业上市公司的经验证据［J］．财会通讯，2016（6）：45－47.

［7］刘靖宇，朱卫东，孙宜博，等．政府补助对企业财务绩效影响的评价［J］．统计与决策，2016（10）：179－182.

［8］刘宁潇．重污染行业上市公司政府补助、环境责任与财务绩效［D］．重庆：重庆工商大学，2017.

［9］何雅黎．高科技创业企业的政治关联、政府补助与财务绩效研究［D］．武汉：武汉理工大学，2017.

［10］金慧琴，陈丽丽．新能源企业政府补贴与环境绩效、财务绩效关

系研究［J］．现代盐化工，2018，45（5）：111-112.

［11］何烨．政府扶持补贴对企业财务绩效影响研究［D］．广州：广东外语外贸大学，2018.

［12］李燕妮．政府补助与企业绩效［D］．北京：对外经济贸易大学，2018.

［13］尹娜娜．政府补助对于我国农业上市公司财务绩效的影响［J］．现代农业研究，2020，26（2）：27-28.

［14］黎明硕．政府补助、研发投入与企业绩效相关性研究［D］．长春：吉林财经大学，2016.

［15］杨伊宁．政府补助对企业财务绩效的影响研究［D］．太原：太原理工大学，2016.

［16］蔡梦娇．基于生命周期理论的政府补贴对高新技术企业绩效的影响研究［D］．合肥：合肥工业大学，2019.

［17］郝晨璐．政府补助、投资战略与财务绩效［D］．大连：东北财经大学，2018.

［18］臧志彭．政府补助、研发投入与文化产业上市公司绩效——基于161家文化上市公司面板数据中介效应实证［J］．华东经济管理，2015，29（6）：80-88.

［19］杨柳青．政府补助对JH汽车财务绩效的影响研究［D］．合肥：安徽大学，2019.

［20］李尚敏．政府补助、研发投入与企业绩效的实证研究［D］．杭州：浙江财经大学，2015.

［21］贺韵宁．政府补助对创业板上市企业财务绩效影响研究［J］．中国国际财经（中英文），2017（11）：59-61.

［22］郭丹丹．政府补贴对创业板上市公司企业绩效的影响研究［D］．西安：西安理工大学，2019.

［23］王维，吴佳颖，章品锋．政府补助、研发投入与信息技术企业价值研究［J］．科技进步与对策，2016，33（22）：86-91.

［24］赵瑞昕．政府补助对我国新能源汽车企业财务绩效影响研究——

以比亚迪公司为例［D］. 哈尔滨：东北农业大学，2018.

［25］张文. 政府补助对新能源汽车财务绩效影响分析——以比亚迪新能源汽车为例［J］. 纳税，2018，12（33）：141.

［26］徐利飞. 我国涉农上市公司政府补助对公司绩效的影响研究［D］. 呼和浩特：内蒙古农业大学，2018.

［27］张淑娴. 政府补助对新能源行业 J 公司财务绩效的影响研究［D］. 西安：西安理工大学，2019.

［28］夏艳. 财税补贴与高新技术企业绩效的相关性研究［D］. 重庆：重庆工商大学，2015.

［29］周茂春，张笑宇. 新能源汽车企业政府补助对财务绩效影响研究［J］. 辽宁工程技术大学学报（社会科学版），2019，21（4）：253 – 260.

［30］杨玉莹. 政府补助下光伏企业的财务绩效分析与政策建议——以协鑫集成为例［J］. 行政事业资产与财务，2019（15）：15 – 16.

［31］梁晓慧. 上市公司政府补助对企业绩效的影响［D］. 南宁：广西大学，2019.

［32］熊金粮，李颖. 政府补助对比亚迪汽车财务绩效的影响分析［J］. 现代经济信息，2020（12）：66 – 67.

［33］李静，陈武. 中国工业的环境绩效与治理投资的规模报酬研究［J］. 华东经济管理，2013，27（3）：44 – 50.

［34］薛广燕. 我国石油企业环境绩效对财务绩效的影响研究［D］. 哈尔滨：哈尔滨理工大学，2016.

［35］林启艳. 企业环保投资对企业绩效的影响研究［D］. 马鞍山：安徽工业大学，2016.

［36］刘定丽. 环境成本对企业绩效的影响研究［D］. 合肥：安徽大学，2016.

［37］李萍. 制造业环保投入与财务绩效相关性实证研究［D］. 武汉：武汉科技大学，2018.

［38］焦捷，苗硕，张紫微，等. 政治关联、企业环境治理投资与企业绩效——基于中国民营企业的实证研究［J］. 技术经济，2018，37（6）：

130 – 139.

［39］乔永波. 提高企业环保投资效率能提升企业价值吗？［J］. 商业会计，2018（20）：66 – 68.

［40］范宝学，王文姣. 煤炭企业环保投入、绿色技术创新对财务绩效的协同影响［J］. 重庆社会科学，2019（6）：70 – 82.

［41］张思璐，刘秀兰. 企业环保投资与财务绩效的相关性研究——以钢铁行业为例［J］. 西南民族大学学报（自然科学版），2018，44（4）：427 – 433.

［42］刘桂军. 新环保法背景下企业环保投资的微观经济后果研究［D］. 郑州：郑州航空工业管理学院，2020.

［43］张子强，段江娇. 环保支出、信息披露质量对财务绩效影响的研究［J］. 农场经济管理，2020（4）：52 – 54.

［44］周洪. 企业环境行为对其价值影响的实证研究［D］. 成都：西南财经大学，2012.

［45］李惠英. 环境外部成本内部化与企业绩效的相关性研究［D］. 兰州：兰州理工大学，2014.

［46］薛海涛. 重污染企业环境成本支出对财务绩效影响研究［D］. 哈尔滨：东北农业大学，2016.

［47］高敏. 企业环保投资、技术创新投入对企业价值影响的实证研究［D］. 徐州：中国矿业大学，2016.

［48］叶红雨，王圣浩. 环境规制对企业财务绩效影响的实证研究——基于绿色创新的中介效应［J］. 资源开发与市场，2017，33（11）：1328 – 1333.

［49］刘丹. 环境规制、研发投入对煤炭企业财务绩效影响的实证研究［D］. 西安：西安科技大学，2018.

［50］迟铮. 资本性环保支出与企业绩效交互影响问题研究［J］. 中国注册会计师，2020（8）：43 – 47.

［51］李艳萍. 直接排污上市公司环境绩效与财务绩效关系研究［D］. 秦皇岛：燕山大学，2013.

［52］刘辉．企业环保支出与财务绩效的影响研究［J］．商业会计，2016（11）：50－52．

［53］赵雅婷．行业属性、企业环保支出与财务绩效［J］．会计之友，2015（7）：73－77．

［54］冷俊秋．TCL 集团环境责任履行对企业价值影响的案例研究［D］．石河子：石河子大学，2020．

［55］扶乐婷．环保补助、产权性质与企业环境绩效［D］．长沙：湖南师范大学，2018．

［56］魏玮，何旭波．节能减排与经济增长双目标下的 R&D 补贴政策选择——基于动态可计算一般均衡的情景分析［J］．当代经济科学，2012，34（6）：70－80．

［57］李海涵．政府支持对企业环保投入的影响研究［D］．呼和浩特：内蒙古大学，2015．

［58］王永慧．环境规制、政府补助与企业环保投资［D］．蚌埠：安徽财经大学，2017．

［59］李永友，沈坤荣．我国污染控制政策的减排效果——基于省际工业污染数据的实证分析［J］．管理世界，2008（7）：7－17．

［60］张彦博，李琪．政府环保补助与环境质量改进的相关性研究［J］．经济纵横，2013（9）：50－53．

［61］范莉莉，褚媛媛．企业环保支出、政府环保补助与绿色技术创新［J］．资源开发与市场，2019，35（1）：20－25．

［62］高良谋，谭姝．节能减排的政府主导机制及存在的问题［J］．辽宁师范大学学报（社会科学版），2008（6）：31－34．

［63］赵书新，欧国立．信息不对称条件下财政支持环保产业的效果与策略［J］．郑州大学学报（哲学社会科学版），2009，42（4）：144－146．

［64］申香华．营利性组织财政补贴的成长性倾向及其反哺效应——基于2003～2006 年河南省上市公司的研究［J］．经济经纬，2010（5）：115－119．

［65］陈君曦．油气开发企业环境管理对财务绩效的影响研究［D］．大

庆：东北石油大学，2018.

[66] 左海彤. 油田企业财务绩效管理体系设计及应用研究 [D]. 青岛：中国石油大学（华东），2018.

[67] 王璐. 国际油价波动对中国石油财务绩效影响 [D]. 大庆：东北石油大学，2019.

[68] 何茜，郭艳妮，张凡勇，等. 油价波动背景下石油企业的财务绩效分析 [J]. 天然气技术与经济，2019，13（2）：62 – 66 + 83 – 84.

[69] 王聪. 石油企业现金流管理与财务绩效研究 [J]. 北京石油管理干部学院学报，2019，26（2）：61 – 65.

[70] 于婷婷. 石油行业企业社会责任与财务绩效的实证研究 [D]. 北京：中国石油大学（北京），2016.

[71] 和文娜，赵选民. 低碳经济下环境绩效对财务绩效影响的实证研究——来自中国石油行业的经验证据 [J]. 生态经济（学术版），2014，30（1）：26 – 32.

[72] 吴舜泽，陈斌，逯元堂，等. 中国环境保护投资失真问题分析与建议 [J]. 中国人口. 资源与环境，2007（3）：112 – 117.

[73] 王子郁. 中美环境投资机制的比较与我国的改革之路 [J]. 安徽大学学报（哲学社会科学版），2001，25（6）：7 – 12.

[74] 彭峰，李本东. 环境保护投资概念辨析 [J]. 环境科学与技术，2005，28（3）：72 – 74.

[75] 孙冬煜，王震声. 自然资本与环境投资的涵义 [J]. 环境保护，1999（5）：38 – 40.

[76] 唐国平，李龙会，吴德军. 环境管制、行业属性与企业环保投资 [J]. 会计研究，2013（6）：83 – 89.

[77] 熊雅婷. 采矿业上市公司环保投入对财务绩效的影响研究 [D]. 赣州：江西理工大学，2017.

[78] 李金波. 环保投资、技术创新对企业绩效的协同影响研究 [D]. 太原：山西大学，2019.

[79] 陶岚，刘波罗. 基于新制度理论的企业环保投入驱动因素分

析——来自中国上市公司的经验证据 [J]. 中国地质大学学报（社会科学版），2013（6）：46 – 53.

[80] 李虹，娄雯，田马飞. 企业环保投资、环境管制与股权资本成本——来自重污染行业上市公司的经验证据 [J]. 审计与经济研究，2016（2）：71 – 80.

[81] 杨东宁，周长辉. 企业环境绩效与经济绩效的动态关系模型 [J]. 中国工业经济，2004（4）：43 – 50.

[82] 张宗新，杨飞，袁庆海. 上市公司信息披露质量提升能否改进公司绩效 [J]. 会计研究，2007（10）：16 – 23.

[83] 李伟. 企业社会责任与财务绩效关系研究——基于交通运输行业上市公司的数据分析 [J]. 财经问题研究，2012（4）：90 – 94.

[84] 朱乃平，朱丽，孔玉生，等. 技术创新投入、社会责任承担对财务绩效的协同影响研究 [J]. 会计研究，2014（2）：57 – 63.

[85] 肖永孜. 广西跨世纪的重大战略：人口与经济的可持续发展 [J]. 学术论坛，1997（2）：39 – 44.

[86] A C Pigou. 福利经济学 [M]. 朱泱，等译. 北京：商务印书馆，2006：146，185 – 217.

[87] 王钦池. 信号传递与信号均衡——关于信号理论的一个文献综述 [J]. 山西财经大学学报，2009，31（S2）：180.

[88] 生艳梅，钱逸珠. 油气企业环境责任履行现状的评价 [J]. 中小企业管理与科技（中旬刊），2020（10）：124 – 125.

[89] 中国证券监督管理委员会. 2019 年 4 季度上市公司行业分类结果 [EB/OL]. （2020 – 1 – 10）[2021 – 4 – 31]. http：//www. csrc. gov. cn/pub/newsite/scb/ssgshyfljg/202001/t20200110_369485. html.

[90] 凤凰网. 分类标准 [EB/OL]. （2019 – 12 – 31）[2021 – 4 – 31]. http：//app. finance. ifeng. com/list/all_stock_cate. php？ s = 5.

[91] 邓建新，单路宝，贺德强，等. 缺失数据的处理方法及其发展趋势 [J]. 统计与决策，2019，35（23）：28 – 34.

[92] 高凤. 碳财务理论创新视角下碳财务绩效评价指标体系构建

［D］. 济南：山东财经大学，2015.

［93］刘萍，于建鑫. 环保理念下化工行业财务绩效评价指标体系构建［J］. 科技与管理，2020，22（1）：58 - 64.

［94］崔瑜. 基于环境效应的新能源企业财务绩效评价研究［D］. 西安：西安石油大学，2018.

［95］张兆国，张弛，曹丹婷. 企业环境管理体系认证有效吗［J］. 南开管理评论，2019，22（4）：123 - 134.

［96］武松，潘发明. SPSS 统计分析大全［M］. 北京：清华大学出版社，2017：334 - 338.

［97］黄芝茗. 政府补助、成长性与企业价值——基于创业板上市企业的经验证据［J］. 中国市场，2017（5）：24 - 26.

［98］周霞. 我国上市公司的政府补助绩效评价——基于企业生命周期的视角［J］. 当代财经，2014（2）：40 - 49.

［99］周文泳，周小敏，姚俊兰. 政府补贴、生命周期和科技服务企业价值［J］. 同济大学学报（自然科学版），2019，47（6）：888 - 896.

［100］周春应，张红燕. 政府补助对林业上市公司绩效的影响——基于股权结构的中介效应［J］. 林业经济，2019，41（10）：53 - 61.

［101］付帅. 金融危机下石油企业面临的挑战及对策［J］. 现代经济信息，2009（23）：229.

［102］邵强，李友俊. 金融危机对我国石油企业的影响及其对策［J］. 科技促进发展，2009（4）：12 - 16.

［103］申香华. 政府补助、产权性质与债务融资效应实证检验［J］. 经济经纬，2015，32（2）：138 - 143.

［104］傅利平，李小静. 政府补贴在企业创新过程的信号传递效应分析——基于战略性新兴产业上市公司面板数据［J］. 系统工程，2014，32（11）：50 - 58.

［105］吴成颂，黄送钦. 基于企业社会责任视角的政府补贴效果研究——来自中国沪市 A 股制造业的经验证据［J］. 南京审计学院学报，2015，12（2）：92 - 103.

［106］田立，张倩．企业减排投入的外部性与相应政府补贴研究［J］．经济研究导刊，2012（17）：9-11.

［107］王薇．企业环境责任与政府补助——基于寻租视角的分析［J］．财经问题研究，2020（11）：100-108.

［108］高麟，胡立新．区域经济增长、政府环保投入与企业环保投资研究——以京津冀地区上市公司为例［J］．商业会计，2017（1）：16-19.

［109］廖安然．政府补助对企业环保支出的带动效应研究——基于地区发展水平视角［D］．北京：首都经济贸易大学会计学，2017.

［110］顾茜．政府环保支出对企业环保投资的挤入与挤出效应研究［D］．杭州：浙江理工大学，2019.

［111］李修业．政治关联、财政补贴与环境绩效的研究——基于重污染上市公司的经验数据［C］//中国会计学会会计教育分会．中国会计学会2016年学术年会论文集，2016：47-71.

［112］孙永平．习近平生态文明思想对环境经济学的理论贡献［J］．南京社会科学，2019（3）：1-9.

［113］刘宁潇．重污染行业上市公司政府补助、环境责任与财务绩效［D］．重庆：重庆工商大学，2017.

［114］胡志勇，汤文慧．企业环保投入、政府补助与经营绩效——基于农业上市公司实证研究［J］．天津商业大学学报，2021，41（1）：9-14.

［115］张长江，翁婷，许一青．可持续发展信息披露与公司价值——来自A股重污染行业上市公司的经验证据［J］．生态经济，2018，34（2）：109-114.

［116］戴悦，史梦鸽．企业环境信息披露对财务绩效的影响效应——基于重污染行业上市公司的经验证据［J］．生态经济，2019，35（6）：162-169.

［117］彭妍，岳金桂．基于投资结构视角的企业环保投资与财务绩效［J］．环境保护科学，2016，42（1）：64-69.

［118］崔广慧，刘常青．中国企业会计准则实施、政府环保补助与企业价值创造——基于重污染企业的经验研究［J］．中国注册会计师，2017

（12）：54 - 58.

［119］卜华，宋建华. 政府补助、研发投入与企业价值——以电力行业为视角［J］. 会计之友，2019（8）：36 - 40.

［120］崔广慧. 中国企业会计准则环保类规定实施对企业价值的影响［D］. 郑州：郑州航空工业管理学院，2017.

［121］杨柳. 外部监督对企业环保投资的影响研究［D］. 武汉：中南财经政法大学，2019.

［122］赵雅婷. 行业属性、企业环保支出与财务绩效［J］. 会计之友，2015（7）：73 - 77.

［123］陶岚，刘波罗. 基于新制度理论的企业环保投入驱动因素分析——来自中国上市公司的经验证据［J］. 中国地质大学学报（社会科学版），2013，13（6）：46 - 53.

［124］李强，王小刚. 静态与动态面板数据模型及其应用［J］. 泰山学院学报，2014，36（6）：13 - 17.

［125］陈强. 高级计量经济学及 Stata 应用［M］. 北京：高等教育出版社，2010.

［126］温忠麟，叶宝娟. 中介效应分析：方法和模型发展［J］. 心理科学进展，2014，22（5）：731 - 745.

［127］胡加明，吴迪. 股权结构与企业绩效之谜［J］. 东岳论丛，2020，41（10）：97 - 113.

［128］王莉莉，韩道琴，张宸恺. 中小板公司股权集中度、研发投入与公司绩效［J］. 会计之友，2021（3）：117 - 123.

［129］吕焱，郑涵文，潘洋洋. 能源化工行业股权集中度对企业价值的影响研究——基于研发投入的中介效应分析［J］. 科技促进发展，2020，16（10）：1253 - 1258.

［130］Tullock G. The welfare costs of tariffs, monopolies, and theft［J］. Economic Inquiry, 1967（3）：224 - 232.

［131］Bar - Yosef S, Landskroner Y. Government subsidies and the value of the firm［J］. Managerial and Decision Economics, 1988（1）：41 - 47.

[132] Lee J. Government interventions and productivity growth [J]. Journal of Economic Growth, 1996 (3): 391 – 414.

[133] van Tongeren F W. Microsimulation of corporate response to investment subsidies [J]. Journal of Policy Modeling, 1998 (1): 55 – 75.

[134] Lach S. Do R&D subsidies stimulate or displace private R&D? Evidence from Israel [J]. The Journal of Industrial Economics, 2002 (4): 369 – 390.

[135] Tzelepis D, Skuras D. The effects of regional capital subsidies on firm performance: an empirical study [J]. Journal of Small Business and Enterprise Development, 2004 (1): 121 – 129.

[136] Jaynes A, Jenkins J C, Leicht K T. Do high technology policies work? High technology industry employment growth in U. S. metropolitan areas, 1988 – 1998. [J]. Social Forces, 2006 (9).

[137] Hewitt – Dundas N, Roper S. Output additionality of public support for innovation: Evidence for Irish manufacturing plants [J]. European Planning Studies, 2010 (1): 107 – 122.

[138] Van Hemert P P, Nijkamp P, Masurel E. From innovation to commercialization through networks and agglomerations: Analysis of sources of innovation, innovation capabilities and performance of Dutch SMEs [J]. Annals of Regional Science, 2013 (2): 425 – 452.

[139] Lu Z, Shao S. Impacts of government subsidies on pricing and performance level choice in Energy Performance Contracting: A two – step optimal decision model [J]. Applied Energy, 2016: 1176 – 1183.

[140] Tundis E, Gabriele R, Zaninotto E. Investigating the effectiveness of public subsidies to hotels: Evidence from an Alpine region [J]. Tourism Management Perspectives, 2017: 8 – 18.

[141] Aharony J L C W. Financial packaging of IPO firms in China (Article) [J]. Journal of Accounting Research, 2000 (1): 103 – 126.

[142] Beason R W D E. Growth, economies of scale, and targeting in Japan

（1955 – 1990）［J］. Review of Economics and Statistics, 1996 （2）: 286 – 295.

［143］ Gottschalk T K T G, Diekötter T, Ekschmitt K, et al. Impact of agricultural subsidies on biodiversity at the landscape level ［J］. Landscape Ecology, 2007 （5）: 643 – 656.

［144］ Bernini C, Pellegrini G. How are growth and productivity in private firms affected by public subsidy? Evidence from a regional policy ［J］. Regional Science and Urban Economics, 2011 （3）: 253 – 265.

［145］ Lin C A, Man – lai Wong S B. Government intervention and firm investment: Evidence from international micro – data （Article） ［J］. Journal of International Money and Finance, 2013 （1）: 637 – 653.

［146］ Marimuthu F. Government assistance to state – owned enterprises: a hindrance to financial performance ［J］. Investment Management & Financial Innovations, 2020 （2）: 40 – 50.

［147］ McKenzie J, Walls W D. Australian films at the Australian box office: performance, distribution, and subsidies ［J］. Journal of Cultural Economics, 2013 （2）: 247 – 269.

［148］ Dizon – Ross R, Dupas P, Robinson J. Governance and the effectiveness of public health subsidies: Evidence from Ghana, Kenya and Uganda （Article） ［J］. Journal of Public Economics, 2017: 150 – 169.

［149］ Bergström F. Capital subsidies and the performance of firms ［J］. Small Business Economics, 2000 （3）: 183 – 193.

［150］ Porter M E, Van der Linde C. Toward a new conception of the environment – competitiveness relationship ［J］. Journal of Economic Perspectives, 1995 （4）: 97 – 118.

［151］ Cochran P L, Wood R A. Corporate social responsibility and financial performance ［J］. Academy of Management Journal, 1984 （1）: 42 – 56.

［152］ Hart S L, Ahuja G. Does it pay to be green? An empirical examination of the relationship between emission reduction and firm performance ［J］. Business Strategy and the Environment, 1996 （1）: 30 – 37.

[153] Ormad M P, Miguel N, Claver A, et al. Pesticides removal in the process of drinking water production [J]. Chemosphere, 2008 (1): 97 – 106.

[154] Hong H, Kacperczyk M. The price of sin: The effects of social norms on markets (Article) [J]. Journal of Financial Economics, 2009 (1): 15 – 36.

[155] Kosugi T, Jp K S R A, Tokimatsu K, et al. Internalization of the external costs of global environmental damage in an integrated assessment model [J]. Energy Policy, 2009 (7): 2664 – 2678.

[156] Lopez – Gamero M D, Molina – Azorin J F, Claver – Cortes E. The potential of environmental regulation to change managerial perception, environmental management, competitiveness and financial performance [J]. Journal of Cleaner Production, 2010 (10 – 11): 963 – 974.

[157] Broberg T, Marklund P, Samakovlis E, et al. Testing the porter hypothesis: the effects of environmentalinvestments on efficiency in Swedish industry [J]. National Institute of Economic Research, 2013 (1).

[158] Saunila M, Ukko J, Rantala T. Sustainability as a driver of green innovation investment and exploitation [J]. JOURNAL OF CLEANER PRODUCTION, 2018: 631 – 641.

[159] Liu Y, Han Q, Quanxin G, et al. Internal control quality, enterprise environmental protection investment and finance performance: An empirical study of China's a – share heavy pollution industry. [J]. International journal of environmental research and public health, 2020 (17).

[160] Friedman M. The social responsibility of business is to increase its profits [J]. The corporate social responsibility reader. , 2008: 84 – 89.

[161] Jaggi B, Freedman M. An examination of the impact of pollution performance on economic and market performance: pulp and paper firms [J]. Journal of Business Finance and Accounting, 1992 (5): 697 – 713.

[162] Hassel L, Nilsson H, Nyquist S. The value relevance of environmental performance [J]. European Accounting Review, 2005 (1): 41 – 62.

[163] Orsato R J. Competitive Environmental strategies: When does it pay to

be Green? [J]. California Management Review, 2006 (2): 127 – 143.

[164] Testa F, Iraldo F, Frey M. The effect of environmental regulation on firms' competitive performance: The case of the building & construction sector in some EU regions (Article) [J]. Journal of Environmental Management, 2011 (9): 2136 – 2144.

[165] Haughton C. It's not easy being green. [J]. Virginia Quarterly Review, 2019 (3): 16 – 17.

[166] Schaltegger S, Figge F. Environmental shareholder value: economic success with corporate environmental management [J]. Corporate Social Responsibility and Environmental Management, 2000 (1): 29.

[167] Klassen R D, McLaughlin C P. The impact of environmental management on firm performance [J]. Management Science, 1996 (8): 1199 – 1214.

[168] Jasch C. Environmental management accounting (EMA) as the next step in the evolution of management accounting [J]. Journal of Cleaner Production, 2006 (14): 1190 – 1193.

[169] Pekovic S, Gilles Grolleau, Mzoughi N. Environmental investments: too much of a good thing? [J]. International Journal of Production Economics, 2018: 297 – 302.

[170] Magat W A. The effects of environmental regulation on innovation [J]. Law and Contemporary Problems, 1979 (1): 4 – 25.

[171] Arnalds O, Barkarson B H. Soil erosion and land use policy in Iceland in relation to sheep grazing and government subsidies [J]. Environmental Science and Policy, 2003 (1): 105 – 113.

[172] David M, Sinclair – Desgagné B. Environmental regulation and the eco – industry [J]. Journal of Regulatory Economics, 2005 (2): 141 – 155.

[173] Allcott H A B, Mullainathan S B C, Taubinsky D C. Energy policy with externalities and internalities (Article) [J]. Journal of Public Economics, 2014: 72 – 88.

[174] Sterner T. Distributional effects of taxing transport fuel [J]. Energy

Policy, 2012: 75 - 83.

[175] Li Z, Liao G, Wang Z, et al. Green loan and subsidy for promoting clean production innovation. [J]. Journal of Cleaner Production, 2018: 421 - 431.

[176] Monasterolo I, Raberto M. The eirin flow - of - funds behavioural model of green fiscal policies and green sovereign bonds. [J]. Ecological Economics, 2018: 228 - 243.

[177] Cai H. , Fang H. , Xu L. C. Eat, drink, firms, and government: An investigation of corruption from the entertainment and travel costs of Chinese of firms [J]. Journal Law and Economics, 2014, 54 (1): 55 - 78.

[178] Tamazian A, Chousa J P, Vadlamannati K C. Does higher economic and financial development lead to environmental degradation: Evidence from BRIC countries [J]. Energy Policy, 2009, 37 (1): 246 - 253.

[179] Johnson S D. An Analysis of the relationship between corporate environmental and economic performance at the level of the firm: [D]. California: University of California, 1995.

[180] Kaplan R S, Norton D P. The balanced scorecard - measures that drive performance [J]. Harvard Business Review, 1992, 70 (1): 71 - 79.

[181] Freeman R. E. & Evan. W. M. Corporate governance: A stakeholder interpretation [J]. Journal of Behavioral Economics, 1990 (19): 337 - 359.

[182] Lee E, Walker M, Zeng C. Do Chinese government subsidies affect firm value? [J]. Accounting Organizations & Society, 2014, 39 (3): 149 - 169.

[183] Tundis E, Gabriele R, Zaninotto E. Investigating the effectiveness of public subsidies to hotels: Evidence from an Alpine region [J]. Tourism Management Perspectives, 2017 (23): 8 - 18.

[184] Duch N, Montolio D, Mediavilla M. Evaluating the impact of public subsidies on a firm's performance: a two - stage quasi - experimental approach [J]. Investigaciones Regionales, 2009 (16).

[185] Arnalds O, Barkarson B H. Soil erosion and land use policy in Iceland

in relation to sheep grazing and government subsidies [J]. Environmental Science and Policy, 2003, 6 (1).

[186] López – Gamero M D, Molina – Azorín J F, Claver – Cortés E. The potential of environmental regulation to change managerial perception, environmental management, competitiveness and financial performance [J]. Journal of Cleaner Production, 2010, 18 (10): 963 – 974.

[187] Roodman D. How to do Xtabond2: An introduction to difference and system GMM in stata [J]. The Stata Journal, 2009, 9 (1).

附录1

油气企业样本表

序号	证券代码	证券简称	序号	证券代码	证券简称
1	000027	深圳能源	16	000698	沈阳化工
2	000039	中集集团	17	000723	美锦能源
3	000040	深鸿基	18	000731	四川美丰
4	000096	广聚能源	19	000819	岳阳兴长
5	000159	国际实业	20	000852	江钻股份
6	000407	胜利股份	21	000883	三环股份
7	000421	南京中北	22	000985	大庆华科
8	000540	中天城投	23	002053	云南盐化
9	000543	皖能电力	24	002221	东华能源
10	000554	泰山石油	25	002267	陕天然气
11	000593	大通燃气	26	600028	中国石化
12	000612	焦作万方	27	600098	广州控股
13	000616	亿城股份	28	600101	明星电力
14	000637	茂化实华	29	600157	鲁润股份
15	000683	远兴能源	30	600172	黄河旋风

续表

序号	证券代码	证券简称	序号	证券代码	证券简称
31	600175	美都控股	43	600744	华银电力
32	600256	广汇股份	44	600759	正和股份
33	600323	南海发展	45	600777	新潮实业
34	600333	长春燃气	46	600803	威远生化
35	600378	天科股份	47	600822	上海物贸
36	600461	洪城水业	48	600969	郴电国际
37	600509	天富热电	49	600979	广安爱众
38	600583	海油工程	50	600997	开滦股份
39	600635	大众公用	51	601808	中海油服
40	600642	申能股份	52	601857	中国石油
41	600688	S上石化	53	601872	招商轮船
42	600739	辽宁成大			

附录 2

2008～2019 年油气企业财务绩效综合得分

股票代码	2008年	2009年	2010年	2011年	2012年	2013年	2014年	2015年	2016年	2017年	2018年	2019年
000027	0.0439	0.2353	-0.0284	-0.1193	-0.1594	-0.1113	0.0987	-0.2565	-0.223	-0.1005	-0.1201	-0.0701
000039	0.0595	-0.073	0.4216	0.3866	0.0913	0.1333	0.1734	0.3572	-0.0815	0.3816	0.4251	0.2219
000040	-0.8789	-0.1244	-0.1483	0.2205	0.3578	0.0378	-0.1545	0.1896	0.7973	-0.0371	0.0225	-0.5763
000096	-0.1104	-0.2452	-0.2481	-0.2651	-0.6039	-0.4717	-0.4776	-0.1263	0.3546	-0.1998	-0.2913	-0.2495
000159	0.288	0.0298	1.4282	0.2499	-0.3841	-0.5188	-0.2741	-0.4775	-0.6178	-0.8352	-0.5546	-0.6675
000407	0.9593	0.5335	0.593	0.424	-0.5396	-0.0883	-0.1306	-0.324	-0.7471	-0.1942	0.0072	-0.1238
000421	-0.0449	-0.1224	-0.2256	-0.0635	-0.0672	-0.1855	0.0456	0.0201	-0.14	-0.0225	-0.1326	-0.1237
000540	0.5439	1.2621	1.0386	0.6346	0.6809	0.8624	0.5397	0.3942	0.3782	0.386	0.1242	0.1789
000543	-0.4546	-0.2409	-0.2554	-0.3581	0.1193	0.4501	0.1812	0.2096	-0.0873	-0.334	-0.1957	-0.1065
000554	0.488	-0.123	-0.508	-0.1562	-0.1195	-0.1823	0.2233	0.0455	0.0073	-0.327	-0.2383	-0.2708
000593	-0.058	0.7162	-0.234	0.308	-0.2077	-0.0479	-0.5764	-0.6	-0.4921	-0.432	-1.2745	-0.146
000612	0.5007	-0.007	-0.0686	0.3957	-0.0247	0.1763	0.1888	-0.3462	-0.3427	-0.1607	-0.7134	-0.4008
000616	-0.0704	0.2081	0.3097	0.0155	-0.0431	-0.2153	-0.3766	-0.3076	-0.8621	-0.2632	-0.2942	
000637	0.4083	0.4453	1.6313	4.6143	0.0121	0.0709	0.2952	0.249	-0.1343	0.2746	-0.1534	0.2652
000683	0.0706	1.0954	-0.2165	0.1137	0.0725	-0.1861	-0.2551	-0.2499	-0.5951	-0.0808	0.1011	-0.2223

续表

股票代码	2008年	2009年	2010年	2011年	2012年	2013年	2014年	2015年	2016年	2017年	2018年	2019年
000698	0.0612	-0.2037	0.0544	0.0512	-0.4064	-0.0526	0.0453	-0.0333	-0.0219	-0.0827	-0.2129	-0.7504
000723	0.5565	-0.6053	-0.3511	-0.1557	-0.9179	-0.0553	-0.4202	-0.7832	-0.097	0.2397	0.5206	0.0729
000731	0.1525	-0.2772	-0.135	0.1645	0.1945	-0.1855	-0.6785	-0.3188	-0.7724	-0.319	-0.2991	-0.4728
000819	0.858	0.1611	0.1479	0.0916	0.2708	0.2011	-0.1392	-0.2431	-0.466	-0.1434	-0.1889	-0.1669
000852	-0.0049	0.1678	0.0476	0.0805	0.1651	0.0743	-0.2709	-0.2234	-1.3898	-0.0664	-0.0573	0.0827
000883	0.0708	0.1077	0.071	0.006	-0.0769	-0.1083	-0.0181	-0.1293	-0.2939	-0.2006	-0.327	-0.1727
000985	-0.8485	-0.1491	-0.3914	-0.0995	-0.5017	-0.1405	0.0806	-0.7626	-0.2168	-0.0124	-0.2228	0.1786
002053	-0.6635	-0.0422	0.0198	-0.1134	-0.4428	0.0634	0.0374	-0.0736	0.1534	-0.2381	-0.3705	-0.22
002221		0.0923	0.1588	0.4465	0.0832	0.606	0.6014	0.7463	0.623	0.7393	0.8014	0.6788
002267		0.1377	0.2081	0.2546	0.3199	0.3284	0.3358	0.0584	-0.0318	-0.1629	-0.1148	-0.0882
600028	0.4104	0.6933	0.7363	0.7281	0.6287	0.5098	0.2753	0.0917	0.1234	0.1569	0.2624	0.3239
600098	-0.2516	-0.0702	-0.0537	-0.1941	-0.0353	0.0097	0.0332	0.0254	-0.1905	-0.1769	-0.2208	-0.1303
600101	-0.0832	0.1525	-0.0212	0.1144	-0.2828	-0.189	-0.3712	-0.4278	-0.3707	-0.3821	-0.3961	-0.4351
600157	-0.1105	0.0999	0.8014	1.2073	0.7927	-0.0321	-0.0138	0.1863	-0.036	-0.0107	-0.0005	-0.0104
600172	-0.2394	-0.3132	-0.1451	-0.0473	-0.0671	-0.0285	-0.0973	-0.0313				-0.4225
600175	0.1389	0.1052	-0.0571	-0.1497	-0.159	0.3445	0.3061	-0.0448	-0.3857	-0.5254	-1.2433	
600256	0.2705	0.2127	0.2273	0.2277	0.0664	-0.0562	0.1375	-0.204		-0.1645		-0.2846
600323	-0.0432	-0.0535	1.1989	-0.0392	-0.0723	-0.0832	0.2396	0.0185	0.0063	0.0381	0.1235	0.1722
600333	-0.177	-0.2398	-0.2205	-0.2421	-0.3063	-0.311	-0.3752	-0.9957	-0.1302	-0.2454	-0.4992	-0.2003
600378	0.3229	0.0445	-0.1421	-0.0235	-0.0866	-0.0902	-0.1198	-0.4431	-0.521	-0.2554	0.0197	0.0079
600461	-0.4227	-0.4359	0.2085	-0.1249	-0.0594	-0.0928	-0.0145	0.005	-0.0703	0.0061	0.0013	0.0695
600509	-0.179	-0.2118	-0.0078	0.1444	0.1326	-0.0699	0.0083	-0.0074	0.0289	-0.1199	-0.0782	-0.4634
600583	0.7164	0.2545	-0.1666	-0.1739	0.1253	0.4456	0.5048	0.3646	-0.2311	-0.3263	-0.4579	-0.6328
600635	-0.0124	0.0595	0.0453	0.2184	-0.0521	-0.1749	-0.0672	-0.0768	-0.1067	-0.1096	-0.2	-0.1178
600642	-0.0114	0.2455	-0.0595	-0.1369	-0.0932	0.0782	-0.0847	-0.0657	0.1837	-0.1769	-0.117	-0.084
600688	-1.5771	0.4739	0.9729	0.5279	-0.0321	0.638	0.0972	1.0187	1.2718	1.0979	0.7089	0.1608
600739	0.478	0.6086	0.3755	0.8879	-0.1204	-0.1002	-0.3016	-0.4513	-0.2207	-0.2062	-0.297	-0.1848
600744	-0.7167	0.4097	0.4783	0.2183	0.1528	0.7839	0.2293		0.062	-0.5686	0.4103	0.3274

续表

股票代码	2008年	2009年	2010年	2011年	2012年	2013年	2014年	2015年	2016年	2017年	2018年	2019年
600759	−0.1072	−0.0251	0.101	−0.0474	0.2087	−0.2423	0.0775	−0.1114	−0.0426	−0.1466	−0.0413	
600777	−0.305	−0.4337	−0.7303	−0.3751	−0.5688	−0.0233	−0.5143	−0.3131	−0.8404	0.1753	−0.279	−0.0583
600803	0.1485	−0.4165	0.0731	−0.1104	0.0028	0.3589	0.321	0.2039	0.2478	0.1463	0.3722	0.3245
600822	1.0079	0.9487	0.9481	1.1138	0.628	1.3381	0.7493	−1.2856	0.6497	−0.087	0.1235	0.4004
600969	−0.7304	0.2607	0.3319	0.199	0.1042	0.0257	0.0006	−0.1644	−0.1331	−0.1654	−0.2473	−0.1513
600979	0.1403	0.158	0.2831	−0.1011	−0.0605	−0.1593	−0.5205	0.0322	−0.0301	−0.1482	−0.2179	−0.4012
600997	0.4909	0.281	0.2122	0.1298	0.0311	−0.1771	−0.1468	−0.5569	−0.091	−0.0832	0.0871	−0.0239
601808	0.6081	0.3503	0.2231	0.2594	0.2978	0.4318	0.3554	−0.2603	−1.4458	0.0107	−0.2296	0.2218
601857	0.3835	0.3197	0.4921	0.4752	0.3062	0.2895	0.1995	−0.0991	0.0706	0.0938	−0.0098	0.0463
601872	0.2373	−0.1868	−0.0536	−0.4982	−0.4948	−1.4675	−0.2425	−0.0407	−0.132	−0.3981	−0.2189	−0.1661